나는 나를 안아줘야지

나는 나를
안아줘야지

김영재 지음

CONTENT

part 2. 관계에 대하여

part 3.   마음 챙김, 서툰 위로

프롤로그

PART1.
삶이 그렇지 뭐

별거 아닌 것이 아닌

무더운 7월 그때쯤이었다.

누군가에게 쫓기듯 더위 속에서 몸을 일으켰다.

그날은 에어컨 기사가 방문하기로 예정된 날이었는데 그는 때마침 숨을 헐떡이며 선한 얼굴로 문을 두드렸다.

나는 얼음을 띄운 커피 한 잔을 한창 일하고 있는 그의 가방 옆에 살며시 놓는다.

그의 얼굴에는 선한 미소가 그려진다.

고개를 살짝 돌려 나를 보고 묻는다.

"고객님은 어떤 일을 하세요? 이런 분야는 해보셨어요?"

그때의 나는 글을 쓴다고 말하지 못했나.
아마 그 시간에 혼자 있는 사람을 보자니 궁금했던 걸까.
우물쭈물 거리다가 일을 잠시 쉬고 있다고 했다.
그 질문에 답하면 돌아오는 답은 항상 이랬다.
글 쓰고 그림 그려요 라는 말에 의외라는 표정을 지으며
돈이 되나요? 라고 되묻는다. 그 말은 어쩌다 밟은 껌처
럼 떨어지지 않았고 마음을 뭉그러뜨리기 시작한다.

스스로에게 떳떳하지 못했고 지쳐있을 때였다.
사실 정확하게는 우울한 게 더 맞았을지 모른다.
현실과 이상, 그 어디쯤에서 어디로 어떻게 가야 하는지,
하염없이 휩쓸리기만 했다는 상황을 인정할 때였으니까.

자주 우울했고 자주 누워있었다.
매일 날은 밝아왔지만 어째서인지 해가 저물어가는 걸
더 자주 봤다.

그날도 그랬다.

그림자가 생길 무렵, 기사님은 나에게 말한다.
"생각이 많을 때네요. 앞으로 어떤 일이든 잘 되었으면 좋겠어요."

기사님은 25살에 들어간 회사에서 16년을 일했지만, 아이들 입학식, 졸업식, 경조사, 자신을 필요로 할 때마다 곁에 있어 주지 못했고 밥 한 끼 같이 먹기 힘들었다고 했다.
이게 사는 건가 싶어서 그만두고 지금의 일을 한다고 말한다.
그러니 좋아하는 일, 하고 싶은 일을 하라고 한다.
별거 아닌 일은 없다고.
공을 들이면 분명 무언가 틈은 보인다고.
그는 다른 사람들과는 조금 달랐다.
얼굴에서는 여유가 보였다.
나와는 전혀 다른 분위기, 몸짓, 웃음.

나는 나도 모르게 그의 삶을 자꾸 찔러보았다.
두렵지 않았는지, 괜찮은지, 무섭지 않았는지.

그는 내 물음에 조곤조곤 답해줬고,
내가 별거 아니라 여기던 것들은 무엇이었나 생각했
다. 포근한 이불, 선선한 저녁 공기, 같이 먹는 밥, 내
가 하는 일.
나에게 별거 아닌 것들이 누군가에겐 손에 쥐기도 벅
찬 것들이었다.

일상에 별거 아니라 여기던 것들이 늘 삶을 받쳐주는
거라고 했나.
별거 아닌 그 대화가 그날 나의 하루를 받쳐주었을
때 생각했다.
살아가며 만나게 되는 생의 굽이마다 우리를 일으켜
주는 것은 '이런 사람' 혹은 '이런 하루' 일 거라고.
별거 아닌 것들.

조심스럽게 내딛는 삶 속에서 언제나 평범하고자 하는 것들은 어렵기만 하고, 쉬운 듯하면 어긋나고 무겁게만 느껴지는 순간들이 있지.

그 속을 헤엄치며 작은 보람을 느끼며 살아가는 우리.
그런 삶에서 작은 것에도 의미를 부여하는 것이
온기를 가져다줬다.

별거 아닌 것들은 없다.
별거 아니라고 여기는 마음이 있을 뿐.

별거 아닌 듯하지만
별거인 일을 하는 우리는 저마다 빛나고 있다.

각자가 생각하는 별거 아닌 것으로 하루를 채우고 다음 날을 채운다. 별거 아닌 것, 그것은 우리가 생각하는 그 이상일 테다.

좋은 건 금방,
나쁜 건 오래

좋은 건 오래가지 않았다.
마치 모래시계처럼 딱 어느 정도 한정된 시간에 있는
것처럼.

그 해 어느 봄날의 오후였다.
꽃잎이 날리는 길가 위에서 유독 또렷하게 보인 한
사람이 있었다. 그 사람과 밥을 먹고, 영화를 보고, 함
께 하는 시간이 길었다.
그러다 같이 걷던 길 위에 서서 내가 좋다며 웃어주

었을 때
오래, 함께하고 싶다고 생각했다.

오래간다, 함께한다.
그건 무슨 의미일까, 많은 시간을 함께 보내는 것, 빈 자리가 없게끔 하는 것. 좀 더 깊이 생각한다면 서로의 곁에서 많은 걸 나누는 거, 그 사람의 행복이 내 행복이고 그 사람의 슬픔이 내 슬픔이 되고.
뭐 그런 거겠지.

좋은 일자리에서 나를 웃게 해주는 사람들을 알게 되었을 때도 자주 보고 싶다고 생각했다.

'나에게 이런 날도 다 오는구나' 하고
그때의 나는 제법 많이 웃었고 오래 웃었다.
웃을 일이 너무나 많아서 배 아플 정도로 웃으며 흘러가는 시간을 아까워했다.
하지만 오래 갈 거로 생각한 이 순간들은 좋은 꿈에서

금방 깨어나는 것처럼 보란 듯이 이루어지지 않았다.

오래간다, 함께한다는 말은 점차 바라지는 색처럼 옅
어지다가 이내 없어지고 말았다.
그만 만나자는 몇 마디의 문장은 창밖 날씨를 흐리게
했고
종종걸음으로 향하던 곳들은 모두 추억해야만 하는
장소가 되었다.
빠르게만 느껴졌던 시간이 이제는 너무 느렸다.

나의 일터는 여전히 그 자리에 있었지만 내가 속할
수 있는 곳은 아니었다.
가게가 팔리게 되면서 더 이상 볼 수 없는 얼굴들이
생겨났고 이제는 다른 얼굴들이 있었다. 가게 안에서
커다란 창문 너머 사계절을 볼 수 없게 되었다.

인연처럼 맺어진 사람들은
급하게 흩어졌고

누워있던 나를 누군가 급하게 일으켜 세운 것처럼 눈앞이 깜깜해지고 머릿속이 핑 돌았다.
금방 잠에서 일어난 것처럼 머리가 멍해졌다.

오늘은 뭐 할까?
어떤 손님이 있을까?
날씨는 어떨까?
일 끝나고 좋아하는 사람들과 맥주 한잔할까?
한강에서 바람을 쐴까?

머릿속을 가득 채우고 기대하던 것들은 고민할 필요가 없어지고 어지러움만 남았다.

세상은 고요하고 분주한 사람들 속 나는 겉돌고 있었다.

좋은 건 금방
나쁜 건 오래간다.

늦게 펴도 아름답다고

해가 따스한 점심시간, 개 짖는 소리가 베란다 너머
들려오고 화사한 옷들이 많이 보였다. 그때가 봄이 끝
나갈 무렵이었을 거다.
길 변두리를 차지하던 꽃들은 점차 시들어가고, 풍경
을 보며 아쉬워하고 한숨을 쉬는 내가 서 있다.
계절의 끝에서 꺼내든 카메라에는 딱히 담을 게 없었
다. 나처럼 멍한 초점을 흐리고 다닐 뿐.

그렇게 집을 향하던 익숙한 오르막길에서
한숨을 몇 번 쉬었다.

'하' 숨이 찰수록 집에 거의 다 와 가는 게 느껴졌다.

몇 분이 지났을까, 친구는 갑자기 나에게 사진 한 장을 보내줬다.

'마지막 벚꽃일 거야'

그 사진을 받고 한참을 가만히 서서 바라보았다.

구름 없이 맑았던 날씨와

유난히 푸릇했던 잎사귀에

활짝 핀 벚꽃 하나가 유독 눈에 잘 보였다.

사람이 지나가도, 해가 어느덧 기울어도

그 꽃을 오래도록 바라보았다.

집에 가서 옷을 벗어던지고 편하게 볼 수도 있었지만

아쉬움이 컸기 때문일까.

'늦게도 피었구나'

봄이 끝나갈 무렵인 게 몸소 실감이 났다.

순간 나는,

기다리고 기다리던 봄을 제대로 만끽하지 못해서인지,

봄처럼 따뜻한 일이 성큼 올 거라는 기대가 여지까지

이루어지지 않아서인지,

괜히 뭉클하고 약간 짜증도 나고

이런 봄을 맞이하려 그 추운 겨울을 보낸 것도 아니

었다고 대상 없는 원망을 했다.

그렇게 아무도 듣지 않는 투정을 내뱉다가 남아있던

그 꽃을 보고는 아직 봄을 걷고 있으니 다행이라 또

자신을 위로해 보고.

언제나 타인을 부러워하기만 할 건가.

너무 늦었나.

아무것도 없다.

쥐고 있는 게 없다고 말하던 나에게

늦게 핀 꽃은 위로의 무언가였다.

꽃도 저마다의 계절이 있듯, 나도 나의 계절이 있을까.

긴 시간을 거쳐 피어난 꽃처럼 나도 만개할 날이 올까.

걸음을 옮긴다.
불편한 마음을 애써 안아본다.
안 피는 꽃은 없을 터.
늦게 펴도 당연히 아름답다고.
늦게 피면 늦게 필수록 늦게 진다고.

되는 게 없는 하루에도
좋은 건 있을 거야

꿈에서 꿈을 꾼 날.

그 여운이 가시지 않는 날.

다시 눈을 감아보아도 피곤이 풀리지 않아 온몸이 무
거운 날이었다.

사는 게 심드렁해지고 날씨는 옷을 겹겹이 입어야 할
정도. 그럴 때면 마음도 불편한지 가만히 있지 않았다.

춥고 긴 하루가 오늘은 어떨까.

괜히 허리를 쫙 펴고 인상을 써본다.

그렇지 않으면 하루를 바닥에 흘려버릴지 모르니까.

바람 따라 휘청거릴지도 모르니까.

약속이 있던 날이다.
집 밖으로 잘 나가지 않던 내가 유일하게 나가던 날.
좋은 만남은 하루를 다스리는 가장 괜찮은 방법이었
다. 좋은 사람과, 맛있는 음식, 눈이 즐거운 것들, 하루
를 조금씩 꾸며나가는 시간들.

하지만
좋은 마음을 안고 기대하면 꼭 눈앞에 실망을 가져다
놓는 게 삶이다. 걸음을 옮겨 전부터 기다리던 식당을
가봤지만, 공사 중이라며 발길을 돌려야 했고, 발을
동동 구르다가 발견한 식당에도 우리를 위한 자리는
없었다.
몸을 뒤척이던 불편한 꿈부터, 좋지 않은 날씨까지.

어디를 가도 몸을 녹일 곳은 없었다.
예민해지고 겉돌고 어디에도 기대한 좋은 시간은 없

었고 덩그러니 서 있던 시간이 늘고 있었다.

시험지를 보는 것처럼 까만 건 글자, 하얀 건 종이.
머릿속이 새하얘진다.

싸늘한 하루보다는
따뜻한 하루에 웃고 있는 내가 있을 거라 생각했다.

오늘은 되는 게 없구나.
이런 날이 왜 필요한 걸까 투덜거렸다.
그럼 그렇지, 역시나 하고 생각하면 변하는 게 없었다.
바람은 너무 많이 불어서 아무 데나 주저앉고 싶었고
괜스레 서러웠다.

그렇게 다시 집으로 돌아가던 길, 우리는 작은 와플
가게를 발견했다. 마치 가기로 했던 것처럼, 발걸음은
어느새 가게 앞을 서성이고 메뉴를 고르고 있었다.

무언가에 끌리듯 들어간 우리의 몸은 조금씩 따뜻해
졌다.
가게는 조용했지만 편안했다.
와플 냄새는 너무 좋았고, 마음이 조금씩 풀리는 기분.
괜히 기대하게 만드는 기분.

이게 뭐라고 웃음이 조금씩 나온다.

밉고 추웠던 하루가.
고단하고 짜증 났던 하루가 조금이나마 괜찮아지는
순간이 있다.

개일 것 같지 않던 하루에도, 되는 게 없는 하루에도
좋은 건 있었고, 우리는 아주 작은 미지근한 것들을
놓치며 살고 있는지 모른다.

그때는 몰랐다

학교가 끝나고 학원에 가는 길, 문방구 앞에서 마주한 떡볶이가 먹고 싶었다.

그 시간이면 다른 아이들도 저마다 주머니를 뒤적이며 돈을 꺼내 배를 채우곤 했다. 몇몇은 그 모습을 지켜보고 또 몇몇은 걱정 없이 사 먹는다.

내 주머니에도 돈은 있었지만, 그리 쉽게 쓸 돈은 아니었다.

굳이 뭐 하러 사 먹나 하고 하고 쿨하게 돌아선 적도 있지만 넉넉지 않은 주머니만큼이나 멋이 없었다.

용돈을 더 달라고 말해보지만 감사함은 잘 몰랐다.

그저 나는 자식이니까 당연히 받을 수 있는 거겠지 생각했을 거다.

쟤는 이만큼, 나는 이만큼.

쉬는 날이면 쓰러서 잠드는 엄마의 뒷모습을 보고도.

두 아이의 입을 혼자 책임졌던 모습을 보고도.

그렇게 며칠이 지나고 어쩌다 정말 배가 고프면 직장으로 찾아갔다.

"우리 엄마 좀 불러주세요"

안내데스크에서 방송하니 멀리서 누가 힘차게 뛰어온다.

엄마였다.

일하던 중 시간을 쪼개서 보느라 숨이 차 있었다.

엄마는 나를 보면 항상 먼저 하던 말이 있었다.

"밥은 먹었니?"

"뭐 좀 사줄까?"

그럼 나는 "아니, 그냥 가던 길에 들렸어" 하고 대충 말해보지만 끝내 내 손에 뭔가를 들려준다.

그리고는 주머니에서 꼬깃꼬깃한 천 원 한 장을 준다.

나는 엄청나게 신나지도, 미안해하지도 않는 그런 표정으로 받는다.

일부러 그랬는지 모른다.

알게 모르게 돈은 사람을 버겁게 만든다는걸,

음식보다도 내 눈에 가장 먼저 보인 건 구멍 난 장갑과 시커먼 유니폼이었다.

배는 불렀지만, 기분은 좋지 않았다.

어쩌다 다 같이 외출해서 갖고 싶은 걸 슬쩍 말해 봐도 돈이 없다며 다음에 사주겠다 한 적도 있고,

눈앞에서 사주지 못한 것도 있었다.

그럴 때면 나는 악을 썼고 몇 마디 입안 엣소리로 투덜댔다.

하지만 내가 바라던 게 무엇이 되었든 당신은 언제나 애쓰고 있었다. 해주고 싶은 마음과 해주지 못하는 그 미안함.

그 사이에서 가진 게 많지 않아도 당신은
많은 걸 내어주었다는 거.
그래서 당신은 늘 현금을 가지고 있었다.
어린 핏덩이가 오면 언제든 줄 수 있게.

그 시절의 나는 알고 있었지만 모르는 척했을까.
감사하다고, 밥은 먹었는지,
고마운 마음을 가지긴 했었을까.
진심을 담고 있었을까.
아니면 도리어 부족하다고 투정 부리진 않았을까.
만화책을 사달라며 울던 내 모습에 사주지 못해 복잡했던 당신의 표정이 기억난다.

그때는 몰랐지.
당신의 입보다 내 입을 먼저 챙기고

당신의 배부름보다 내 배부름을 더 챙긴걸.

내 삶을 위해 애썼다는걸.

가장 따뜻하고 많은 배려를 받고 있었다는걸.

엄마로부터.

모든 일에는 끝이 있다

자취방을 알아보러 돌아다니던 길이다.

친해진 동기들과 밥도 먹고 특별하지 않은 얘기들을 한다.

웃음을 잃지 않으며 즐겁게 보내려고 노력한다.

하지만 가장 재밌고 설레는 그 시간에 나는 이 순간들이 끝나는 걸 생각한다.

"끝났네" 하고 일방적으로 이별 통보를 당한 사람처럼 늘어진 얼굴로.

만나면 헤어질 생각을 먼저 하고

시작이 있으면 끝을 생각하고
좋은 시간은 언제든 끝난다는 것을 아니까.

날아갈 듯 기뻐하면 실망도 커지고
반가움 뒤에는 헤어짐이 있고
시작된 모든 일들은 마침표를 찍는다는 것을 너무 잘
알고 있어서 좋은 순간들 속에서 나는 툭 튀어나오는
습관을 막지 못한다.

시작과 동시에 마지막에 있을 나를 생각한다.
순간을 즐기지 못하는 나를 마주한다.

그럴 때마다 '결국 다 처음으로 돌아간다'라는 말을
읊조린다.

아마도 훨씬 오래전부터 그랬던 게 아닐까 생각했다.
어릴 적, 친척들과 많은 교류가 있지 않았어도 엄청
친하지 않았어도 가끔 시골집에 놀러 가 잠을 자고

오곤 했다.

그곳은 컴퓨터도 없었고 흔한 TV도 보기 힘들었다.

대신 넓은 논과 밭이 있었고, 언제 맡아도 정겨운 시골 흙냄새가 가득했다. 핸드폰 따위 없어도 우리는 삶을 공유하고 무엇이든 재밌게 놀 수 있었다.

특별한 무언가를 하지 않아도 시간은 잘 흘러갔고 외할아버지와 친척들, 누나, 형들과 뛰어노는 것만으로도 즐거운 시간이었다.

하지만 계속 거기에 머무를 수는 없었다.

집에 가는 차에 올라탈 때, 이미 마음은 이별한 사람처럼 두루뭉술했다.

집에 돌아왔을 때 그곳에서 지었던 웃음은 없었고 너무 조용했다. 정겨운 냄새도 없었고 설렘, 벅찬 마음은 없어졌다.

이런 과정들이 반복될수록

기쁨이 있다면 슬픔도 있고

만남이 있다면 이별이 있고
행복이 있다면 불행도 있다는 걸 실감했는지 모른다.

서 있던 자리에서는 한숨이 많이 늘었다.
발길과 마음이 향하는 곳들은 언제나 잠시 머무를 곳
이라는 걸 알았다.
시간이 흐르면서 나는 분명하게 원래의 자리로 돌아
왔으니까.

즐거움, 감동, 웃음들을 맛볼수록
다시금 내가 맞이해야 하는 시간에는
건조함이 가득하고
불만투성이가 되어버리고
입은 샐쭉 내밀어진다.

모든 일에는 끝이 있어서.
잠시 머물다 가는 것들이기에.
좋은 순간들은 잠시 머무는 것이기에.

오늘의 온도

이른 아침부터 비가 쏟아져 내리는 날.

천둥, 번개가 요란하고 날씨가 구질구질해서 친구와의 약속이 취소될 거라고 생각했다.

"오늘은 만나지 않으려나"

눈꺼풀이 몇 번 왔다 갔다 했을까, 시곗바늘은 약속 시간을 두 칸 남기고 멈춰있었다.

그때 멍하니 누워있던 나를 일으킨 건, 친구의 전화였다.

"너 잤지?" 가라앉은 목소리로 말한다.

"아니…….방금 일어났어."

"얼른 준비해서 와"

무료했던 시기, 마음은 고단하고 금세 피로가 쌓이던 시기였다. 그래서 일주일 중 하루라도 우리는 그렇게 보내고 있었다.

빗속을 운전하니 평소보다 몸에 힘이 조금 더 들어갔다. 손은 평소보다 핸들을 더 부여잡고 거울에 시선이 자주 갔다.

코너를 돌며 도착한 장소에 이르자 씩씩하게 걸어 나오는 친구가 있었다.
전날, 얽매이던 일이 잘 풀리지 않자 꽤 울었던 너는 눈이 퉁퉁 부어 있었고 나는 어떤 위로도 건네지 못했다.
그냥 맛있는 거나 먹으러 가자고 말했나.
그렇게 기분을 조금 달래고 빗소리나 들으면서 그 생각 잠시 접어놓자고 말했나.

우울은 마음을 자꾸 치고 들어와서 갈피를 못 잡게

한다.

마치 담배 연기처럼 금세 퍼져나간다.

그러니 책도 읽었다가

그림도 그렸다가 게임도 했다가

또 걸으면서 그렇게 달랜다.

괜찮지 않다는 걸 안다.

그럼에도 괜찮아진다고 말한다.

흘러가는 시간 속에서

힘들 때마다 또 우리를 일으킬만한 일들은 생겨날 테니

그것뿐이었다.

'해가 빨리 나왔으면 좋겠다'는 괜스레 하는 말들.

날씨만이라도 좋았으면 하는 마음.

주변에 어떤 것도 뜻대로 되지 않고 한없이 무거운 마음이라서 햇빛만이라도 비춰주었으면 했던 터일까.

아니 그 하나만이라도 마음 따라 이루어진다면 좋은

하루라고 말하고 싶었을까.

오늘의 온도는 조금 서늘했다.

너무 춥지도

너무 덥지도 않고

마음이 힘들어지는 우울의 온도였다.

계절의 끝에서

빗소리가 거실로 새어 나갈까.

방문을 닫고 창문을 살짝 열었다.

언제나 그랬듯, 계절의 끝과 시작에는 비가 있었으며

그때면 시원함을 느끼며 생각에 잠기곤 했다.

어느새 유월,

눈썹을 살짝 덮은 앞머리와 반팔을 찾고 땀이 나는

걸 보니 예상이 맞았을지 모른다.

찌뿌듯한 허리에 자세도 바꿔가며 비 냄새와 바람을

맞이했다.

어제와는 분명히 달랐다.

제자리를 겨우 지키는 저 풀꽃들이 이제는 무더운 여름을 견뎌야 한다는 걸 생각했다.
그리고 나면 추운 바람을 맞이하고 끝내 제자리를 지킬 수 있다는 것은 결국 시작이 있다면 끝이 있기 때문이 아닐까.
결코 영원한 것은 없으며 결국 지나가기에.
내리는 비가 반가웠다.

그리고 남들은 말한다.
"비가 오면 좀 우울하고 축 처져"
그때의 나는 좋다고 말했던가.

돌이켜보면 해가 쨍쨍한 날에 맞춰 기분이 좋은 것도 아니었다.
우리에겐 날씨의 영향이 없진 않겠지만,
적어도 날씨가 화창할 때 느껴지는 묘한 초조함은 없

었다.

뭔가 해야 할 것만 같은 느낌.
어디라도 가야 직성이 풀릴 것 같은 느낌.
바삐 향하는 저들을 보며 몸이 움찔거리는 느낌.
그런 압박감들.

그러니 비가 좋을 수밖에.
어둑한 분위기와 지면과 빗물이 맞닿아 만들어내는
소리들, 바닥을 흐르는 물에 평소보다 조심히 내딛고
천천히 가는 몸에 세세한 것들이 눈에 들어오게끔 하
니까.

궂은 날씨 탓을 하며 자신을 좀 더 돌볼 수 있으니까.

한 계절의 끝에 내린 비에
의미 없는 하루들이 있었나 생각해봤다.

홀연히 지나가 버린 것들에 대해,
그리고 철 지난 감정들에 대해 회상하며 기억에 잠들
어 본다.

늘어지는 몸을 통제하려 애쓰지 않는다.

새로운 시작을 위한 단계이니까.

우리에겐 그런 너그러운 시간이 필요하다.

살아간다는 건 대체로 슬프지

여우같이 웅크리고 얕게 자던 날.
알 수 없는 미래는 나를 쉽게 무너뜨리고 걱정과 불
안은 머릿속을 가득 채웠다.

방금 헹군 머리를 감았는지도 잊고,
갈아입을 옷은 꺼내두고 입었던 옷을 다시 입을 만큼,
무언가에 집중하지 못하고 나를 흔드는 걱정 따위에
나 신경이 쏠리곤 했지.
그런다고 해결되는 것도 아닌데, 한번 비집고 들어온
생각들이나 걱정은 머릿속에 깊게 눌러 앉아 여유를

없앤다.

그렇게 혼잡하다 못해 흘러넘치는 생각은 나를 마치
다른 장소에 옮겨놓은 것처럼 낯선 기분이 들게 한다.
지금 와서 보면 참 별거 아닌 것들도 있었는데 그때
는 마음이 많이 무거웠다.

유난히 흐린 날이 있다.
마음대로 되지 않는 날들.
계획은 결코 이루어지지 않고 필요한 것들은 구석 어
디쯤 사라져버린다.

오늘은 되는 게 없다고 중얼거린다.
바꾼 지 얼마 안 된 핸드폰을 떨어뜨리고, 새 장판은
흠이 나고, 옷은 입어도 갈 곳이 없고 사람을 만나도
그저 그렇다하는 하루들.
퇴근 후에는 고작 저물어가는 해를 보고 좋아하고, 오
지 않을 것들에 대해 기다리고, 멀어지는 꿈을 본다.

혼자인 집을 들어가면 가장 먼저 커튼을 치겠지. 긴 겨울잠을 잘 것처럼.

'아, 그랬지.' 나는 나를 끌어안고 생각한다.

삶은 원래 다정하지 않았지, 살아간다는 건 대체로 슬픈 일이야.
잃어버린 것을 또 잃어버리고
다친 곳을 또 다쳐도
아플 만큼 아팠다 생각했는데 그렇지 않은 게 삶이지.
울어도 내일이 나아지지 않는 게 삶이지.
오늘처럼 거슬리고 기분을 빼앗는 것들을 한꺼번에 주는 게 삶이지.

내가 암만 행복을 찾아 발버둥 친다 한들
좋은 건 온갖 생색은 다 내면서 던져준다.
가끔은 나쁜 것도 묶어서 주고
어떤 때는 몰래 뒤에 던져 놓고 가거나

힘들 때 보란 듯이 눈앞에 던져놓고 가는 게 삶이라고.

"왜 하필 나일까"
"왜 하필 오늘일까"
이런 투정은 삶에게 통하지 않는다.
살아간다는 건 대체로 슬픈 일일지 몰라. 하지만 또
끝내 놓지 않는 이유는, 자신과 나에게 머무르는 사람
을 아끼고, 또 아끼는 것들이 있기 때문은 아닐까.
하루가 그렇게 지나간다.

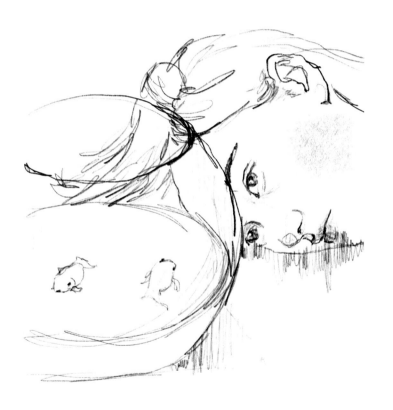

잠 못 드는 밤

그런 날이 있다.
편히 잠들지 못하는 밤이.
지칠 대로 지쳐 몸은 누워도
마음은 꼿꼿이 서 있는 그런 날.
몸을 누울 자리는 있는데,
마음은 갈 곳 없어 덩그러니 한 자리를 맴도는 날.

숨 쉬는 건 조심스러워지고
어두운 골목을 혼자 걸어가듯 불안함이 치민다.
감지 못한 눈은 어느새 연락처를 뒤적거리고

대단한 말은 아니어도

무슨 말이라도 해야 할 것 같은

뻣뻣한 밤을 보낼 준비를 한다.

우리의 어릴 적 밤은 어땠던가.

반짝임이 많고 항상 다음 날을 위한 설렘을 받곤 했다.

이불을 덮게 하고 눈을 감게끔 해줬다.

공기는 따뜻해서 너무나 포근했다.

친구랑 싸워도

싫어하는 수업이 있어도

가족과 다투어도 이 밤은 한결같았다.

계속 그런 밤일 줄 알았다.

나에게 그것만이라도 좋게 남아있길 바랐다.

하지만, 그러나

우리의 생에는 언제나

이런 접속사가 필수였다.

이제는 멀리 돌아가야 도착하는 밤만 남아있다.
반짝임은 따가움으로.
걱정과 불안을 칠해놓은 머릿속에
그 밤은 오래도록 머물렀다.
공포영화의 한 장면처럼.

이젠 왜 이렇게 되었을까 생각한다.
밤을 기다리던 나는 어디 갔을까.
어쩌다 밤이 대화가 통하지 않는 사람과 마주 보는
것 같은 느낌이 들게 되었을까.
저 야경은 너무나 예쁘지만
밝을수록 눈을 감기는 힘들었다.
따라가기 벅찬 하루들이 된다.

저 불빛들은 누군가 내일을 위해 열심히 살고 있는
거겠지.
혹은 즐겁게 보내는 순간이겠지.

좁은 방에 누워 내일을 걱정하는 나는 너무 보잘것없
었고
초조함에 떠밀려 손에 잡히지 않는 하루 속에서 발버
둥만 쳤지.

그 틈에 어떻게든 섞이고 싶어
없는 용기 쥐어짜 내며 무엇을 했던 걸까.

잠들지 못하는 밤은
화려하고 반짝이던 것들을 뒤로 하고
건조하고 외로워졌다.

그 불빛 사이에 섞이고 싶었던 건,
그것조차도 큰 벽이었을까.
나는 어떤 불빛이었을까.

베개에 얼굴을 묻고 생각했다.
잠이 오지 않는 게 두려운 건지

잠들어야하는 밤이 두려운 건지

잠들지 못하는 밤은 설명이 필요한 밤
나의 안부를 물어 나를 챙겨야하는 밤

믿었던 것들은

날씨가 좋았었다.

해는 따뜻해서 가만가만 앉아있었다.

오랜만에 입은 셔츠에는 옛 향수 냄새가 배어 있었고,

바람에 펄럭였다.

살갗은 보드라워서 꼭 좋은 일이 생길 것만 같았고

간절한 소망 같은 건 이루어질 거라고

믿음에 믿음을 더하던 순간이 있었다.

사람에 대한 믿음

관계에 대한 믿음

일의 결과에 대한 믿음.

나에게 믿음이라는 건
종교적인 것보다도 지극히 나만의 공간이었는데
허망함은 늘 그다지 필요하지 않던 행사상품처럼 따
라다녔지.

믿고 바라던 것들은
언제나 나를 밑바닥으로 끌어내리곤 했다.

아닐 거라는 말과
괜찮을 거라는 말,
꼭 네 손에 주어질 거라는 말.
간절히 바라던 소식 같은 것들은
긍정에서 부정이 되어버리고 잘 되겠지 하는 마음에
찬물을 끼얹는다.

그러지 않았으면 하는 순간마다 나는 실망하고

나를 실망시킨다.

왜 이토록 세상은 나를 실망시킬까.

내가 예민할 걸까.

나를 보는 저들은 무딘 걸까.

마치 기도라도 해야 할 것처럼 고개는 자꾸 숙여졌다.

그 고개 따라서

더 열심히 믿어봐야 했을까.

그랬다면 그 믿음이라는 단어는 조금 친근해졌을지

모르겠다.

믿음에 배신당할 때마다 생각했다.

"그래, 누가 믿어보라고, 믿어달라고 한 것도 아니었

으니까"

"혼자 어지르고 남겨져 치우는 모습이니까"

그렇다면 이번에는 덜 믿어볼까.

2/1만 믿어볼까.

아니야, 4/1만 믿어야겠다.
클수록 아픔만 커지니까.
그렇게 새겨진 상처는 흐릿해지지 않았다.
믿었던 것들은 변한다.

무용한 것들이라는 식상한 것들도
믿어보라 큰소리치던 사람들도.
곁에 있는 가장 가까운 것들도 변한다.

믿음 뒤에 찾아오는 허망함을 안아야 한다면 애초에
믿음 같은 건 곁에 두지 않으련다.
괜히 진땀 빼게 만드는 부정의 단어와 상황을 만들
테니.
가장 먼저 내몰리는 건 나니까.

느린 걸음

'하' 하고 숨을 뱉으면 눈에 보이는 입김.

그때의 나는 유독 답답한 마음에 자주 걸었다.

조금 천천히 걷고 주변을 둘러보기, 그렇게 걷고 싶었
다.

하지만 언제나 다짐들은 다짐으로만 끝나버렸다.

서두름이 몸에 밴 사람이어서

늘 빠른 걸음에 급하게 거리를 지나갔다.

그래서 가끔, 남들은 알고 있고 본 것에 대해서도

나는 항상 '모르겠는데'라고 입을 열었다.

여유랑 쉼표 따위는 언제나 내 방 어느 구석에 있었다.

방에 있어야만 비로소 여유와 쉼표라는 것을 끌어내서

어두운 밤에 달빛이나 노란색과 주황색이 적절히 섞

인 노을이나 바라봤으니 말이다.

산책하던 그날은 유난히 사람들이 많았다.

앞지르고 또 앞지르고 그러다 마주한 건

불편한 거동의 노인 한 분이었다.

노인은 내가 밟은 길을, 밟아야 하는 길을 나란히 같

이 가고 있었다.

슈퍼를 지나고

언덕을 오르고

아이들이 잔뜩 뛰어노는 길도.

왜 그렇게 열심히 걸을까.

열심히 해봤자 늘지 않는 것도 있고

잡히지도 않는 무언가를 잡아보겠다고 아등바등하는데.
우리는 항상 서둘러야 한다고 읊조리는데.

나는 조금 속도를 내어 걸었다.
내가 그의 얼굴을 봤을 때, 나와는 달랐다.
잔뜩 인상 쓴 내 얼굴과는 달리 느리지만 편안한 얼굴이 보였다 .
나는 잠시 그늘에 기대었다.
불현듯 보지 못한 것들이 많았던가 돌아봤다.

나는 가끔 앞서는 저들의 뒷모습을 보며 '느리면 안 돼, 비슷하게라도 가야지' 꼭 그래야만 하는 것처럼 읊조리곤 했다.
하지만 어느 순간에 있어서
그 거리가 좁혀질 수 없음에 이 빠름이 무슨 의미가 있을까 물음을 던졌는데 그날 얻어낸 변하지 않는 사실로는 느려도 천천히 나아가고 있다는 것이다.

이 발걸음이 괜찮을지도 모르겠다고 생각한다.
어쨌든 가긴 가니까.
오히려 더 많은 것을 보며 갈 테니까.

오래 머무르는 게 아닌 천천히 가는 것뿐.
모두 자신만의 속도가 있다.

느림을 멈춰있다고 착각하지 말아야지.

느리다는 것은 천천히 가고 있다는 것.
신중하며
다분한 생각이며
많은 것을 보고 느끼며
멈추지 않는 발걸음을 가진 것임을.

이렇게 걸어도 괜찮을 거 같아.

쓸쓸한 빈자리

자주 가던 음식점이나 나만 알고 있던 알짜배기 같은
가게들이 사라지고 나서는 쓸쓸한 빈자리만 남아있
었다.

외진 곳에 있어 그런가.
속이 다 비치는 허름한 유리창에 빨간 색깔의 '임대
문의'라는 단어가 붙은 걸 보면 또 다른 가게는 언제
쯤 들어올까.
어떤 가게일까 궁금해지곤 했다.

그런 빈자리를 지날 때면 다 떠나고 나뒹구는 시멘트 조각들과 철 조각들이 시선을 끌었고 마음은 삭막해지고 쓸쓸했다.

그러다 거울에 비친 내 모습을 본다.
내 모습과 나뒹구는 흔적들.
이내 고개를 돌려 걸음을 옮긴다.
노력해도 어렵던 시절,
삶이 언제 내 손 한 번 들어줄까 하던 시절.
그래서 어딘가로 꼭꼭 숨어버리고 싶어 했던 시절들이 자꾸 생각났고 여전히 그런 것 같았다.

골목길 입구를 차지하던 그 가게는 작은 돈가스 가게였다.
요즘같이 화려한 그런 건 아니고 어릴 적 먹던 간소한 돈가스 가게.
기본 돈가스나, 치즈돈가스, 고구마 돈가스, 토마토 파스타 같은 것들로 부담이 없는 편안함 같은 느낌의 가게였다.

가게는 부모님 나이대로 보이는
부부가 운영하고 있었고
그분들은 엄마와 친분이 있어서 더 정겨웠다.
사장님은 언제나 파이팅 넘치는 분이었고
아내 분은 늘 웃으며 친절하셨다.

그곳은 다른 가게들보다 오래되었고
손님도 많이 찾아왔다.
분위기도 평온해서 누구나 올 수 있는 정겨운 가게였다.
북적이는 손님들과 환하게 비추는 햇살이 들어온다.
내가 일자리 때문에 전전긍긍할 때도
흔쾌히 손을 내밀어 주셨고 늘 반짝이는 곳이었다.

하지만 내가 이사를 하게 되고
오랜만에 찾아갔을 때 더 이상 그 자리에 없었다.

환하게 웃으며 인사해주는 아내분도
힘찬 고기 망치질 소리를 내는 사장님도
은은한 조명에 따뜻한 가게는 없어지고
뱃길이 끊긴 항구처럼 황량했다.

맛있었는데.
분위기도 좋았었는데.
더 자주 올걸.
더 잘되었으면 좋았을 텐데.

뒤늦게 들은 얘기로는
한 분의 건강이 많이 안 좋았다고 했다.
괜찮아지셨을까?
다시는 볼 수 없겠지.

나는 주머니에 손을 넣었다,
패딩에 얼굴을 묻고는 쓸쓸해졌다.

결국 다 사라지는구나. 허무했고 서러웠다.

나도 조금씩 사라지는 중이고

살아가며 너무 많은 곳에서 이방인이 되어버린다.

더 이상 쓸쓸한 빈자리를 마주하기 싫어진다.

떠난 자리는 다 추하고

자꾸만 생기는 쓸쓸한 빈자리들이 생각보다 많은 힘

을 가졌던 곳들이었기에.

혼자여도 괜찮아

혼자 있으면 뭐 하니, 심심하겠다.

쉬는 날에는 뭐 하냐는 매번 지겨운 질문에 늘 똑같은 답을 한다.
"저는 혼자여도 할 일 많아요, 글도 쓰고 그림도 그리고요. 밀린 청소며 빨래도"
시간이 좀 지나고 이 집에 남겨진 건 나 혼자였다.
부모님은 회사에서 제공해 주는 숙소를 사용하고 동생도 병역 특례를 하기 위해서는 집을 나가야 했다.
다시 분명하게 혼자가 되었다.

어릴 적에도 혼자였고 부족한 어른이 돼서도 크게 달라진 건 없었다.

집에 들어서면 신발장은 너무 넓었고

창가의 화분들은 생기가 없다.

밥을 먹으면 식탁에 숟가락을 덜 놓아도 됐고.

빨래도 내 옷뿐이었다.

바닥은 너무 차서 발이 자꾸 움츠러들었다. 혼자여서 좋은 것도 있었지만 불편한 것도 있긴 했다. 하지만 난 내 생활이 불행하다거나 안타까운 거라고 크게 생각한 적은 없었다.

이렇게 할 일은 많고 시간을 잘 쓸 수 있으니까.

쫓기듯 살았던 시간보다 내가 쓸 수 있는 시간이 생겼다는 것에.

하지만 그들은 어느샌가 나를 불행하다는 시선으로 본다.

또는 내가 널 놀아줄 수 있어 하는 말투를 내보였다.

사람들을 만나고 동아리도 하고 여행도 좀 다녀야 한다고 말하지. 하지만 어디 그게 쉬운가?

나는 불쾌했다가 으쓱했다가, 그들의 말에 마음이 기운다.

저들처럼 살지 않으면 잘못된 걸까?

한때, 나도 그들처럼 뭔가를 하긴 했었다.

유튜브에서 알려준 것들.

책에서 알려준 것들.

새벽에 일어나 하루를 일찍 시작하고

모임을 가져보기도 하고 특별한 취미를 만들고 삶에 자극을 주고 동기를 부여하는 일들을.

하지만 그리 길게 가지는 못했다. 그건 그들의 행복이지, 내가 진정으로 원한 건 아니었으니까. 잠시 저울질해서 얻은 건 금세 사라진다.

스스로에게 물어보는 시간이 필요하다.

나에게 맞는 행복은 무엇인가.

혼자 밥 먹는 게 어떻고

혼자 운동하고, 혼자 생각하는 게 어때서.

정해진 삶이 어디 있을까.

무의식적으로 스스로에게 강요하지 않을 거야.

자꾸 저울질하지 않을 거야.

나는 내 몸에 맞는 행복을 가졌을 뿐이다.

모르기에 견디는 시간들

안타깝게도,

아쉽지만,

이미 작업하기로 한 작가님이 계셔서,

참신하지만 저희와 맞지 않아 함께하지 못할 것 같습니다.

내가 보낸 메일에 대한 답장이 쌓여갔다.

나는 쓰던 글을 멈추고 고개를 책상에 묻었다.

그리고 나는 나에게 물었다,

잘 될 거 같니?

나는 알 수 없었다.

어쩌면 그만하고 싶었던 걸지도 모른다.

첫 책을 출간하고 나는 내가 잘될 줄 알았다.

누군가가 나를 필요로 하고 찾아줄 거라는 생각을 조금이나마 했지만, 현실은 녹록지 않았다.

읽지 않은 메일들과 읽었지만 오지 않는 답신들.

기다리고 기다리는 시간이 자주였고

매 순간이 산이었다.

꿈은 꾸기만 하고, 넘어도 자꾸만 무언가가 눈앞에 나타났다.

깜짝 놀랄만한 반전은 없었다.

모르겠다, 될 대로 되라는 심정이었을 때,

휴가를 나온 친구에게 연락이 왔다.

늦은 시간, 나가기 귀찮았지만, 친구는 포항이나 되는 그 먼 거리에서 차를 운전하고도 또 나를 보러오겠다고 했다.

친구와 나는 다른 삶을 살아가고 있었다.

친구는 군인이었지만 곧 사업을 할 거라며 지옥 같은 시간이 지나가기만을 기다린다고 했다.

아직은 안정적인 친구에 비해 나는 당장 수입도 없는 이 일을 하고 있었다.

돈 벌지 못하는 일을 일이라고 할 수 있을까.

언제쯤 좋아하는 일로 돈을 벌 수 있을까.

좋아하는 일로 돈을 벌려고 하면 욕심인 걸까.

한때 가족을 위해서, 안정적인 미래를 위해서 했던 일도 있었지만 나를 위해서는 아니었다.

주변 모두들 무언가를 버티고는 있지만 그저 그런 타인일 뿐이고 그 시절의 일이 나와는 거리가 너무 멀었다.

각자 버티는 그런 날들을 나는 버티지 못했다.

그렇게 나는 여전히 모르기에 견디는 시간 안에 있었다.

한 줄기 희망 같은 '넌 잘될 거야'라는 가벼운 문장들이 있다.

내가 원하던 길이 맞나
남이 만들어놓은 발자국을 따라 걷는다고
다 도달할 수 있는 건 아니지.

이렇듯 내가 하는 것에 의문을 품을수록 의심이 되었고
무엇을 위해서인가 하는 것들만 남았다.

응원보다는 걱정이 많았고
분위기는 처음 보는 사람과 있는 것처럼 어색해졌다.

누군가 알려줬으면 좋겠다.
넌 이 일을 계속해. 괜찮을 거야.
가능성을 알만한 조언들을.
무언가를 손에 잡아도 결과를 알 수 없어서, 약간의
가능성만, 잘 되겠다는 가능성만 얘기해준다면 잘 붙
들고 있을 텐데.

친구 역시 그 끝이 어떨지 모르지만,
모르기에 버티고 있었다.
우리는 끝내 도달할 그곳이 꽃길일지
가시밭길일지 몰라서 놓지 못하는 거다.
그래서 자리를 뜨지 못하는 거다.

믿음보단 의문 때문에.
다들, 각자
모르기에 견디는 시간 속에 있다.

너와 나
우리

마음이 가난해지는 순간

내가 아끼는 물건들. 선물 받은 물건들, 애지중지하는
옷, 내 책상, 내 침대.
이것들과 같이 있는 작은 내 방이라는 공간에서
나는 가난하지 않다.

쌓여있는 책을 읽고
펜을 들어 그림을 그리고
창밖 풍경이나 보며 내가 가진 것 이외의 것들은 눈
에 들어오지 않으니까.
두통을 유발하는 매미 소리와 더위, 발을 꼼지락거리

게 하는 서늘한 바람이나 가득하지.

그 순간에 있는 나는 더 바라는 것도 없고 불행하다

고 느끼지 않는다.

그럼 언제 가난해지냐고?

그 공간에서 나와 세상을 바라볼 때,

마침 주말 아침 TV에는 자수성가한 사람들에 대해

나오고 있었다.

"노력했습니다, 운이 좋았습니다"

인터넷과 TV를 통해 눈에 들어오는 화려한 삶들이

꿈도 꾸지 못할 굉장한 자산들이

내 머릿속에 콕하고 박혀서 빠지지 않을 때

친하지 않은 사람이 집에 온 것처럼

불편해지고 공기는 무거워진다.

넓고 멋진 집, 비싸 보이는 차.

나와는 전혀 다른 세상이구나 싶었다.

순간 나는 나에게 없는 것들, 가지지 못한 것들이 무
엇인지 생각한다.
또 저들이 가진 것은 무엇인지 생각한다.
"노력, 인내, 희생, 성공"
이내 얼굴이 붉어졌다.

나는 간절하지 않았을까 되새긴다.
열 손가락으로 다 세지 못할 만큼
가지지 못한 것이 많았다.

짜증을 낸다.
삶에서 아낀다는 말은 저렴해 보이고
그건 곧 궁상맞게 되어버린다.
또 이 정도가 어디야 하는 말은
자기 위안의 말이 되고
검소하다는 말은 가진 게 없다는 말이 되어버린다.

나는 TV를 끄고 방으로 들어간다.

문을 닫고 조금씩 어두워진다.

이제 누군가를 버릇처럼 원망하거나

자신을 질책하기 시작한다.

"다 타고 난 거야"

"나는 간절하지 않았던 거야"

"내 삶은 편해서 그런 거야"

구겨진 마음은 필 생각하지 않고

오히려 더 작게 접는다.

저들과 나를 비교하고 나는 가난해진다.

나에게 없는 것들을 부러워하고 가난해지고

저들의 마음과 내 마음을 비교하고 가난해지고

내가 싫어져서 지금이 싫어진다.

그럼 내 삶은 별거 아니고 더 나아질 수 없는 걸까.

의심하기 시작한다.

열등감은 낮은 자존감으로부터

시기와 질투는 나의 결핍으로부터 나오지.
구겨진 마음을 주워서 멀리 던져본다.
다시 피지 않게, 손에 닿지 않게.

눈에 보이는 게 전부는 아니잖아.
나는 내가 가진 풍족함을 찾는다.
나를 찾는 사람들, 몸을 누울 집, 지금 내 곁에 있는
것들.

부족해도 나는 나
나인 채로 살아가야지.
자기연민만큼 무서운 건 또 없으니까.

나에게 없는 것을 가지기 위해
나를 괴롭히고 싶지는 않다.
아등바등 마음 쓰며 서로에게 고통 줄 필요는 없을
거야.

나는 이대로도 충분하고
소중한 것들이 곁에 있다.

없는 것에 집착 말고 있는 것을 지키기 위해 집착해
야지.
남아있는 것이 무엇인지 생각해야지.
관심을 줘야지.
잊지 말아야지.

지나고 나서야

어릴 때는 몰랐다.
어른이라 하는 사람들의 쓸쓸함을 몰랐고
나는 나의 쓸쓸함만 알았다.

다들 술은 왜 그리 좋아했던 건지.
늦은 밤, 아빠의 구수한 담배 냄새와 약간의 술기운이
왜 그리 자주 있었는지.

해가 고꾸라진 시간만 되면 식당은 왜들 그리 붐비었고
울고 웃는 사람은 왜들 그리 많던지.

그때는 아무것도 몰랐다.

어른들에게 물어도 "나중에 크면 다 알게 돼"라며, 하
도 웃어서 반달이 된 눈으로 말해 주곤 했다. 그건 어
른이라는 것에 욕심을 가지게 할 만큼 마음을 조급하
게 만들곤 했다.

아침 8시부터 밤 10시까지, 하루를 꼬박 교실에서 보
내야 했던 학창 시절도, 빨리 벗어나고 싶다고 말하면
너는 가장 좋은 시간을 보내고 있다고 지겹게 말한다.

시간이 얼마나 지났을까.
이해하지 못했던 것들을 이해하고
싫어하는 사람과 웃으며 대화하고
많은 것에 연연해하지 않을 때
조그만 어른이 되어있었다.
모든 게 괜찮을 줄만 알았고 내가 판단하는 대로 이
해될 줄 알았다. 하지만 괜찮은 날보다 괜찮지 않은
날이 많았고 너무 낯선 단어였다.

맥주 캔을 구긴다. 움츠린 하루들이 많다.

나는 내가 바라던 어른이 되었나?

가끔 고단해지고,

가끔 쓸쓸해지고.

어쩌면 그날, 나는 알아버렸는지도 모르지.

내가 그토록 바라던 시간들은 내 것이 아니었다는걸.

지루하기 짝이 없다고 여기던 시간들은 가장 안온하

고 평온한 시간이었다는 걸.

무너지고 또 무너져도 무너질 것들은 있었고

일어나야 하는 것도 나의 몫이었으며

별거 아닌 말에도 일어서는 게 사람이라는 것도 알았다.

일찍이 겪은 아픔들은 다가올 아픔을 무뎌지게 하기

는커녕

흉터만 남겨 더 예민해졌다.

저들이 있던 자리에 내가 있고 나서.

내 방 침대에 눕고 나서야 지나간 흔적들을 들춰 알

았다.

누구나 쓸쓸함 속에서 존재하고
누구나 애써 참으며 산다는 것을.
지나고 나서야 알았다.

각자 지켜야 하는 것들이 있기에 그랬다는 걸
무언가에 취하지 않고서는 견디기 힘든 날도 있다는걸.

그때 알았더라면 조금 더 잘 살아낼 준비를 할 수 있
었을까?

나는 또 소중한 순간을, 누군가의 힘듦을, 지나고 나
서 깨달을지도 모르지.
어쩌면 지금 눈앞에 있을지도 모르는데.

흘러가는 대로

"좋은 글감이 떠올랐어."

나는 뒤적거리며 핸드폰이나 메모장을 찾는다.
분명히 이 내용은 모두가 만족할 거야.
여태껏 들어본 적 없는 내용일 거야.
나는 내게 다가온 생각에 기대를 했다.
하지만 늘 그런 순간에는 꺼져버린 핸드폰이나 다 써
버린 펜이 손에 있을 뿐이었다.
머릿속은 정전이 되어버린 듯 아무것도 찾을 수 없게
되고 내가 생각했던 건 찾을 수 없었다.

있는 힘껏 생각해봐도 머릿속만 간질간질할 뿐이었다.

나는 늘 이런 식일까.
며칠 전에 들어온 광고 의뢰도 똑같아.
기대만 하고 쉽게 결정은 하지 못하지 .
준비되지 않은 사람에게 오는 기회가
행운이 될지, 과분한 것이 될지는
실력이 판단하지.
나에게는 과분했다. 그래서 잡지 못했고 아쉬워했다.

그렇게 한 달 뒤 TV에는 나에게 들어왔던 광고가 송출
되고 있었고 나는 그 장면을 멍하니 바라보기만 했다.

그렇게 멍하니 바라보다가 나는 나에게 왔다 갔던 것.
잡지 못한 것들에 대해 연연해하고 있었다.

그것은 내 것이었을까. 애초에 아니었을까.

다시 생각해봐도
손톱을 잘근거리고
마른침을 삼키며 기다려보아도 끝내 다시 잡히지 않
았다.
나에게 '다시'라는 기회는 오지 않았다.

그럼 결국 그건 내 것이 아니었구나 생각한다.
그렇게 왔다 간 것들 얼마나 많을까.
사랑, 일, 사람, 다 잠시 머물다 간 거였어.

이미 다 지나간 것임에도
나는 지나가고 남겨진 곳을 보고 있었다.
후회하고 아쉬워하고
원망하고 스스로가 불행해지며 무너지는 표정을 짓
고 있었다.

내 것이 아닌 것들.
이제 와서 이런다고 달라지는 건 없었다.

할 수 있는 거라곤 시간이 흐르는 대로,
돌아오는 것은 받아들이고
돌아오지 않는 것은 흘려보내기.
어찌할 수 없는 것들이 있다.

그 시절의 나

대학 동기들과 약속이 생겨 몸을 움직이던 날이었다.
잠깐 살던 서울의 영등포는 좋은 기억도 있지만 나쁜
기억도 있던 곳이었다.

1호선 신길역에서 내려 곧장 걷다 보면 학교가 나왔
고 학교 옆 철물점을 지나면 한숨이 가득했던 자취방
이 있었다.
군데군데 추억이 깃든 장소들이었지만 어째서인지
마음이 가볍지만은 않았다.

양지와 음지, 그 어디쯤 자리한 자취방은 아주 좁았다.
덩치도 크지 않은 내가 들어가서 잠깐 서 있다 눕는
게 전부일 정도의 공간이었다.

그때 내가 그곳에 들어간 건 감당할 수 없던 방세 때
문이었는데, 자신의 처지를 알게 될수록 사람은 더 작
아지는 게 분명했다.
창문이라도 있었다면 좋았을걸.
내가 가진 돈으로 살 수 있는 창 너머 햇살은 없었다.
불편하고 감수해야 할 게 많아지고 혼자 지낸다는 설
렘도 잠시 현실은 조금 버거웠다.

"그래 될 대로 되라지."
그곳에서 2년을 지내며 생각했다.
"괜찮아, 집이 없어서 밖에서 자는 사람도 있잖아"
타인의 힘듦을 나의 위로로 삼는 비루한 습관이 튀어
나왔고
누군가와 나 자신에게 미안했다.

그건 곧 그 사람의 힘듦을 이용함과 동시에 나의 힘
듦을 가리는 것이니까.

혼자 산다는 뿌듯함에 취해있었지만
그게 뭐라고 어쩌면 다 부질없었다.

피곤함이 많았다.
많은 사람들 틈에 들어갈수록 외로움은 더 커져갔다.
하루, 한 달, 일 년은 엉킨 실타래처럼 복잡했고 또 길
었다.

안 좋은 일은 금세 눈에 밟혀서
좋은 일 같은 건 쉽게 덮어버리고
표정 없는 나만 남아있었을 뿐이었다.

그날 그 자취방 옆을 지나가며 눈을 감았다.
결국 이렇게 이루지 못할 거면서
되지도 않을 일을 한다고 그 고생을 했나.

흉은 계속해서 남아 나를 괴롭히고 있었다.

이곳에는 이루지 못한 일들과
밤새 앓으며 아파하던 내가 남아있다.
좋고 나빴던,
울었다가 충분히 웃을 수도 있는 그런 청춘이 남아있다.

사람에게 상처받고 아파하던 청춘.
잔뜩 기대한 일에 실망해서 술을 퍼먹던 청춘.
사는 게 더 어려워져만 간다고 혼자 심각하던 청춘.

하지만 그 집을 등지며 생각했다.
어쨌든 나는 현재에 있다.

그때 좀 더 잘 먹을 걸
바람도 쐬고
너무 아파하지 말걸
어쩌면 그냥 남들 다하는 뜬구름 같은 걱정이었는데.

여전한 동네에서
어느새 나는 과거의 나
그곳의 나에게 손을 내밀어
토닥이고 있었다.

어렵게 향한 발걸음인데,
더 이상 외면 말고
집까지 데리고 가야지.
이제 그만해야지. 오늘은 너그러워져야지.
너무 아쉬워서, 안쓰러워서, 나를 위로하는 이 시간이
찾아온 것일지 몰라.

그리고 좋아하는 것들을 잔뜩 해야지.
노래 들으며 걷기
하늘 보기
좋아하는 것들 떠올리기
맛있는 거 먹기

각자의 세상

'어서 오세요' 인사를 건넨다.

일을 오래 쉬다가 다시 시작했던 때였다.

날씨는 옷을 아무리 껴입어도 추웠고

나는 얼어버린 발을 움직여본다.

입구 주위를 서성이며 지나가는 사람들이 보인다.

잔뜩 움츠린 내 앞에는

청춘을 흘려버린 무표정한 노인과

이제 걸음의 재미를 알아버린 아기와

곁눈질하곤 지나가는 사람이 있다.

나는 사람들이 오지 않는 섬처럼 고독했다가 또 우두
커니 서 있었다.
시간이 얼마쯤 지났을까.
누군가 내 옆에 와서 선다.
고단해 보이는 옆모습, 거친 숨을 내쉬며 막 일을 끝
내고 온 듯한 사람이었다.

그는 나에게 말을 건다.
'사주고 싶은 건 많은데, 참 넉넉지가 않네요.'

나는 뭐라고 했던가,
'그러게요, 사는 게 다 그런 걸까요'

그는 끝내 빈손으로 쓴웃음을 보이며 내 눈에서 멀어
져 갔다.

무엇이 그 사람을 그렇게 만들었을까.
무거운 마음을 지고 돌아선 그의 하루는 어땠을까.

그만하면 괜찮은 하루라고 생각할까.

좋은 날일까, 나쁜 날일까.

어느새 초점 없는 눈으로 낯선 사람들이 지나갈 때마다 궁금해하고 있었다.

이전에는 전혀 생각해보지 못한 것들이었다.

예전의 나는, 삶이란 어렵지 않고 그리는 대로 이루어질 거라고, 내 생에 내가 주인공이고 뭐든 잘 해낼 거라고 적어도 그렇게 생각했다.

사는 게 다 그런 거라고 입이 마르도록 말하곤 했는데.

하지만 이제는 많은 일을 겪고 세상은 호락호락하지 않다는 것을 알아버리고는 다 그렇게 산다는 말은 점점 싫어진다.

그의 말에는 상처가 보였고 나와는 다른 삶이 보였다.

각자의 세상에 각자의 삶이 있다는 당연한 사실에 흠칫했다.

그날 무심하게 곁에 와서 쓴웃음을 놓고 간 그 사람
에게
내 존재는 아무 의미 없다.
각자의 세상이, 각자의 삶이 있으니까.
내가 누군가를 신경 쓴다고 바뀌는 건 없지.
우리는 이렇게 서로를 모르며 살아갈 것이다.
그 사람에게도 나는 아무것도 아니고
나에게도 그 사람은 아무것도 아닌 각자의 삶을 살아
갈 것이다.

그래서 삶이란 때때로 넓은 평원처럼 삭막하기도 하고
많은 사람들 사이에 이방인 같기도 하고
언제나 까만 우주처럼 끝을 알 수 없는 것이라 생각
했다.

그렇게 어떤 이는 슬프고 어떤 이는 기쁘고 어떤 이
는 그저 그런 하루들을 가지고 갈 것이다.

결국 사는 건 다 그렇지 않았다.

그날 나는 내가 뱉어낸 말을 담을 수 없었다.

각자 본인의 무게를 견디며

다 다른 삶을 살아간다.

비슷하기는 해도 결국 다 각자의 세상.

낯선 사람들이 지나간다.

낯선 사람들의 삶이 지나간다.

우리에겐 각자의 세상이 있다.

서로에게 결코 닿을 수 없기에 할 수 있는 건, 각자의
세상에 대한 위로와 응원일까.

102 . 나는 나를 안아줘야지

먹고 사는 게 바쁘다지만

"여기엔 이런 곳도 있구나, 카페가 참 예쁘네."
엄마가 한 말이었다.
수술한 어깨의 경과를 보기 위해 병원을 다녀오는 길
이었고 마침 날씨는 너무 좋았다.
어디라도 훅 가버려서는 돌아오고 싶지 않은 그런 날씨.
그런 날씨를 뒤로하고 마음은 자꾸만 뒤척였다.
엄마의 말을 듣고 그동안 신경 쓰지 않은 것에 많이
미안해서였을까.
너무 내 삶만 신경 쓴 것은 아니었을까.
그 말을 듣고는 지나온 시간에 투정 가득했던 내가

보였다.

바쁘다고 외면하고
귀찮다고 미루고
피곤하니 다음에라는 말과 친했던 나.
지금에서야 저 말들과 조금 멀어졌지만 진작 그랬다
면 더 좋았을 거다.

시간이 많이 지나고 세상은 좋아졌지만 낯선 것도 많
아졌다.
누군가는 편하게 가던 카페나 음식점이 또 누군가에
겐 너무나 낯설고 갈 시간조차 없던 곳이었고 악착같
이 살아낸 하루뿐이라고.
그런 하루를 보내던 엄마가 얻어낸 것이 고장 난 어
깨였는데, 그 어깨는 곧 얼마나 애쓰며 살았는지, 얼
마나 많은 희생을 감내했는지 말해주는 것이었다.

그런데 나는, 그 어깨를 보며 한숨만 내쉬었던가.

얼마나 알아주었던가?

마음이 짠하고 무거웠다.

애쓰지 않으면 평범하게 사는 것도 쉽지 않다는 것을
몸소 보여주더니 흉만 남은 몸과 눈치 없이 맑은 날
이 있다.

열심히 살아서 좋은 것도 보여주고

맛있는 음식도 사주고

그래야겠다던 나는 어느샌가 없었다.

치이고 치여서

지쳐서는 삶은 버겁다고만 하고 있었다.

엄마는 그 긴 시간을 어떻게 버텼을까?

새벽부터 밤까지 그렇게 몇십 년을 일하고

그에 비하면 나는 그렇게 바쁜 것도, 힘든 것도 아닌데.

그 긴 시간을 혼자 걸었을 걸 생각하니 마음이 미어
졌다.

사랑하는 사람이 죽고, 버거운 수술과

마음이 무너지다 못해 더는 건질 것이 없을 지경이

되어도 일을 했다.

누구 덕에 내가 이만한 삶을 누릴 수 있던 거였나.

정말 먹고살기 바빴던 엄마를 뒤로하고 먹고살기 바

쁘다고 말하던 나에게 짜증 났다.

나에게 싫증 나던 카페가 엄마에겐 너무 화사한 곳이

었고

지겹던 음식점은 엄마에겐 처음 먹어보는 곳이었다.

그날, 집에 가던 길, 차를 돌려서는 가장 예쁜 카페로

갔다.

음료와 빵을 시켜놓고는 앉았다.

이 좋은 걸 그동안 나 혼자 누렸구나. 같이 해야지, 같

이 가야지, 같이 먹어야지 하면서도 소홀했던 마음에

미안해졌다.

먹고 사는 게 바쁘다지만 중요한 걸 잊고 살아선 안
된다.
틈틈이 행복도 챙겨야 한다는 걸, 누군가와 좋은 시간
을 보내야 한다는 걸.
스스로에게, 또 누군가에게 미안해지지 않도록.

시간은 생각보다 많지 않으며 우리는 이 구설을 오래
도록 곱씹을 테니.
조금씩 무언가 머릿속에 남기며 그렇게 소중한 게 무
엇인지 다시 깨달아간다.

PART2.

관계에 대하여

가면

사랑한다고 말했다.

그러자 너의 답은 무응답이 답이었다.

너무 기대지 말자는 게 너의 본심이었다.

사랑이 부담스러워지고 불편해지니까.

그래서 자주 선을 긋고 각자의 자리를 지켰다.

그날은 유난히 밤이 길었고 표정 없이 발이 얼도록

밖에 오래 앉아있었다.

그 이후로도 오랫동안 그랬다.

또 다른 너는 말한다.

생각이 너무 많다고, 예민하다고

그래서 대화가 힘들고 자꾸 눈치 보게 된다고.

나는 네가 편해서 다 얘기했는데 내 마음만 그랬나

보다.

그렇게 생각은 생각으로 남기기를 다짐했다.

배려가 부담되고 상처로 변해 다가올 때

마음은 무거워지고 끝내 온전한 관계는 없어진다.

아니, 애초에 없었던 건 아닐까.

그래서 적당한 배려를 찾으려고 신경 쓴다.

한 발짝 물러나서 예의와 불편함을 챙긴다.

또 누군가는 내가 좋은 사람이라고 말한다.

나는 그렇지 않다고 답했다.

나도 내 기분 따라서 좋았다가 나빴다 하니까.

나에게 좋을 때만 좋은 사람이 되고

나에게 나쁘면 나쁜 사람이 되니까.

재를 만나면 마음이 차분해지고
재를 만나면 신나 하고
재를 만나면 초면인 듯 마음이 불편하고.

날씨가 흐리다거나
이어폰이 안 보인다거나
잠을 잘 못 자서 피곤하다거나
마음이 불편한 날은 누구에게나 퉁명스럽다.

모든 순간이 나였지만
다른 나이기도 했다.

매 순간 다른 가면으로 사람들을 만나며
배부르게 밥을 먹고
하루를 웃으며 보냈지만
만남은 피곤해지고 내가 내 눈치를 보고
마음은 비루해졌다.
나는 왜 억지로 웃고 있나.

나를 다 보여주기에는 마음이 불편해졌다.
커튼 사이 어렴풋이 보이는 풍경처럼 조금만 내보여
야지.

집으로 돌아간다.
발을 툭툭 털고 방문을 연다.

침대 귀퉁이에 앉고 나서야
뻐근한 어깨와 묵직한 등은 가벼워진다.

오래전, 몇 번쯤 들어봤던 말,
'누구나 가면을 쓰고 산다.'
그렇게 매번 어울리는 가면을 쓰는 사람이 성숙한 사
람이라고 말했다.

우리는 그렇게 자신을 조금씩 잃어버린다.
가면이 많은 사람은 좋은 사람일까?
아니면 아픈 사람일까?

보통의 나는 무엇이었나.

무엇을 위해 만남을 늘리고 복잡하게 지내는 걸까.

너무 신경 쓰고 있었다.

혼자 남겨진 아이처럼 불안해하며

오직 다른 사람들만 보고 있었다.

왜 나는 자꾸 다른 무엇이 되려 하는 걸까.

이제는 나를 봐줘야지.

불안해하지 말아야지.

가면의 개수를 줄여야지.

둘러 에워싸는 것들에 너무 지치지 말아야지.

보고 싶다는 말

밤늦게 전화하던 날,

나를 향해서 보고 싶다고 말하던 그들에게 나는 왜

그렇게 무미건조한 사막이었나.

자주 봤다고, 또 볼 거라고, 너무 아쉬워 말라며 속삭

였다.

보고 싶다는 그들에게 그렇게 답할 이유는 없었다.

그들은 언제나 내 허기를 채워주고, 내가 생각지 못한

것을 챙겨주고, 감정이 흘러넘치게 신경 써주었으니까.

안개처럼 외로움이 뒤덮인 타지 생활이나
나를 지치게 만드는 일들은 많아서
마음에 여유라는 공간이 없을 때도
주어진 삶을 살면서 버거울 때도 그들은 나에게 그랬다.

그런데 내가 저런 말을 속삭이던 게 언제부터였나,
아마 사람에게 상처받고 아무는 건 너무 오래 걸렸던 때,
보고 싶다는 말을 한 그들이 다시 돌아오지 않았을
때 상처는 더 벌어졌는지 모른다.
수 없이 듣게 되는 그 말 뒤편에는 다시 오지 않는 사
람들이 있었다.
그래서 오랜 시간을 나눠도 그저 잠깐이었구나 싶었다.

마음에는 모래바람이 불어 푸석푸석해지고 그러다
이내 말라버려 감정이 텅 비어버릴 수 있다는 걸 알
았다.
보고 싶다는 말은 그저 마음을 붕 뜨게 만들거나, 빈
말이거나, 허례허식인 말이라고 마음에 자주 새겨 넣

었다.
적당히 대답하다가 적당히 흘려버리는 말로.

그렇게 단순함을 모르는 피곤한 사람이 되어 재고 따지는 일은 많아졌다.
나는 자주 답답했고 말은 삼킬수록 감정이 체해서 오래 걷던 시간이 있었다.
괜찮지 않았지만 괜찮은 척을 하고 있었고
어느새 이곳저곳에 슬픔을 흘리고 다녔다.
걸음걸이로, 웅크린 몸으로, 말투로, 그렇게 어두운 곳만 골라 다니는 모습으로.

그렇게 걷다가 문득 멍하니 서 있곤 했다.
나는 내 상처만 봐서 그들이 건네주는 다정함이 어색했고 또 잘 몰랐다.

그러다 쓸쓸히 벤치에 앉아있는 사람을 봤다.
아슬아슬하게 물가를 걸으며 술을 먹던 사람을 봤다.

내 눈빛이 그들을 건들고 그들이 내 하루를 건드리던 날,
하루를 가쁘게 살아내고, 잘 살고 싶은 누군가의 무거운
소리들. 한숨이 들려왔다.

길고 긴 하루, 아무리 껴입어도 춥고
아무리 덜어내도 무겁던 하루.

소중한 것을 잃어버리고
오해하고 상처받고 버리거나 버림받으며 산다.
실패하고 실망하고 애쓰며 걱정에 잠 못 이루고
감정에 속으며 드러내기 어려운 마음을 끌어안는다.

누구나 한 번쯤은 일어나는 일들.
'아, 그래서 그랬던 걸까'
나에게 다정함을 건넨 사람들이 생각났다.
보고 싶다는 말이 입에서 맴돌았다.
다시 내 마음에 조금씩 자리를 내어주고 싶어지던 때.
조금 지쳐있던 나는 그제야 조금씩 알았다.

보고 싶다는 그 말에는 무엇이 있나

그 사람과 보냈던 일상을 다시 보고 싶은 마음.

당신의 존재를 눈으로 확인하고 대화를 나누고 함께 웃고

잊고 있던 행위를 다시 하겠다는 말.

나를 좀 봐달라는 말.

그리움, 사랑, 후회 그것들을 감싸 안은 말은 보고 싶다는 말이었다.

여러 슬픔을 대신해 보고 싶다는 말을 전한다.

누군가가 나에게 보고 싶다고 말한다면

이제는 웃으며 말해줄 것이다.

나도 정말 보고 싶다고,

언제 볼까 라고.

가끔 아프자

얼마나 누워있었을까.

온몸에 힘은 없고, 갓 태어난 아이처럼 하는 거라곤
손가락, 발가락을 조금씩 움직여보는 일.

주말과 평일은 어떻게 흘러가는지도 모른 체, 모르는
문제를 넘기듯 보내는 게 다였다.

어린 시절부터 그랬다.

자주 앓아누워서는 엄마의 등에 업혀있거나 무릎베
개를 하고 자리를 차지했다.

그런 나에게 언제나 '괜찮아질 거야'라고 말한다.

배에 손을 올려주면 나는 눈을 감는다.

이제 계절이 바뀔 때마다 크게 한 번씩 아픈 정도로
변했고
때마다 계절을 온몸으로 앓는 일뿐이었다.

몸을 뒤척인다.
우울해 보이는 당신의 모습이 보인다.
탁자에서 밥을 먹어도 당신의 신경은 온통 나를 향해
있었다.

몸은 좀 어떠니? 괜찮니?
딸기 한 팩을 물에 씻으며 묻는다.
괜찮아, 그냥 좀 지나면 나아져.
잠긴 목소리로 답한다.
어릴 때부터 지금까지 한결같은 답.

그러다 엄마는 작은 목소리로 말한다.

다 자기 탓이라고.
어릴 적 잘 보살피지 못해 내가 아직도 자주 아픈 거
라고 했다.

애써 밝은 당신이
그 어여쁜 눈으로 표정 없이 자신 때문이라며 자책했
을 때
나는 미안해졌다.

당신이 나를 돌봐줬던 시간들이 눈에 밟혀서.
내가 아프다면 당신은 하던 일도 팽개치고 달려오곤
했는데
그리곤 등에 업고 집까지 가곤 했는데.
언제나 내 아픔에 손을 얹어주고 달래줬는데.

그것마저도 잘 돌보지 못한 거라며 말하는 당신이 너
무 슬펐다.
그럴 수밖에 없었다.

우리에겐 다양한 선택지는 없었으니까.
복잡한 과정이었지만 나름의 의미가 생겼다면 그것
만으로도 충분한 것 아닌가.

대신 아프고 싶다는 엄마의 말에 또 미안해졌다.

당신의 아픔은 나의 아픔
나의 아픔은 당신의 아픔이 될 때
가만가만 서로의 등을 두드려 주었다.

나는 방에 누워 생각했다.
가끔 이렇게 아픈 것도 나쁘지는 않구나.

서로를 들여다 볼 수 있게.
잊고 지내던 걸 떠올릴 수 있게.
사소한 것들을 떠올릴 수 있게.
우리는 꼭 아파야만 느끼는 것들이 있었다.

남겨지는 사람 말고
떠나가는 사람 할래

이별은 언제나 필수인 우리의 삶이다.
그래서 가끔 미리 슬퍼하는 내가 있다.
환하게 손을 흔들어준다. 당신은 나를 보면서 멀리 멀어져간다. 그렇게 먼저 가는 사람에게 손을 흔들어주거나 덩그러니 남겨져 뒷모습을 바라본다.
그리 짧지도, 길지도 않은 생활을 하며 많은 사람들과 안녕을 말한다.

같이 밥을 먹고
같이 카페를 가고

같이 산책을 해도 남겨졌을 때의 기분을 미리 생각한다.

그러다 한 발 뒤에서 여러 사람들의 뒷모습을 본다.
다 가고 남겨진 후에야
터벅터벅, 괜찮은 척의 발걸음으로 집을 향한다.
조금씩, 조금씩 쳐진다.
오르막을 오르는 사람처럼
가벼웠던 몸은 금방 내려앉고
걸음은 느려지고 자꾸 뒤를 돌아본다.

지나온 것들을 보며
아, 그거 하기로 했는데
아, 저기 가기로 했는데
혼잣말로 아쉬움을 뱉어낸다.

바람이 조금 쌀쌀하던 날,
술은 꽤나 마셨지만, 그리 취하지 않던 날.
밤새 놀기로 약속을 했다. 하지만 나는 헤어지기 싫어

우울해한다.

나만 그런 걸까?

사람들은 너무 신나 보인다.

그렇게 해가 밝고 서로를 정류장까지 데려다준다.

내 어두운 아쉬움과 다르게 당신들은 밝은 표정으로
떠났다. 혼자 뒤에 남겨진다는 건 외로운 일이다.
그때였을 거다. 먼저 떠나는 기분은 남겨지는 것보단
낫겠다고,
그러니 나는 먼저 가는 사람 해야겠다고 생각한 것이.

그렇게 남겨져 혼자인 시간, 나는 숨을 크게 들이쉬고
다짐한다. 먼저 떠나서 한 번씩 돌아봐야겠다고.

먼저 가는 이의 뒷모습을 보는 건
영영 보지 못할 것처럼 섭섭해진다.

남겨지는 기분은 항상 적적하고

함께 나눴던 기억과 장소, 분위기는 오롯이 혼자 다시
마주해야하니까.

세상이 무너지는 것도 아니고
영영 보지 못하는 것도 아닌데
내가 애정 하는 그들에겐 내 일부분이 심어져 있으니까.
그래서 그들이 멀어지는 걸 보면 나를 상실하는 기분
이 든다.

잘 참는 사람

눈을 부릅뜬다.
숨은 가빠지고 머리끝까지 혈압이 올라 어질해진다.
주변에 무어라도 잡아야 내가 버틸 수 있을 것 같다.

네가 좀 참아.
참는 게 이기는 거야.
너답지 않게 왜 그래.
저 문장들이 삶에 관여할 때마다 인내의 연속인 시간
을 걷는다.

그래, 저 정도쯤이야, 이 정도쯤이야.
괜찮겠다 싶어서 핸디캡을 안고 산다.
어느덧 잘 참는 사람이 되었으니까.

좋으면 좋다고
싫으면 싫다고
불편하면 불편하다고
몇 마디 문장을 말하는 법은 잊어버리고
한자리에 오래도록 앉아있다.
허리는 조금 불편해져서 수그리고 어깨는 점점 말려
들어 간다.
눈에 초점은 흐려지고 애써 괜찮은 척해 본다.

잘 참지 못하면 지는 거니까.
오래가지 못하는 거니까.
발끈하면 지는 거니까.
얼굴이 붉어지면 지는 거니까.
설익은 충고들을 들으면서.

충고는 대게 오만일지 몰라.

그 사람들은 그냥 하고 싶은 말을 둘러댄 거겠지.

하지만, 그러니까

이렇게 우리의 인생에는,

매 순간에는 접속사가 필수지.

짐을 이고 있는 것처럼 참는 게 점점 버거워지고

그냥 힘들 때도 있다고

참아서 남을 배려한다면

자신은 누가 챙겨줄까.

그러니까 너무 많이 참지는 말자.

그냥, 조금씩만 그러자.

조금만 봐주고

조금만 착하고

조금만 무시하자.

내가 아닌 내가 되어

잘 참고 나서 넘어가면

나에겐 무엇이 남을까?

감정 없는 배려?

불편한 감정?

무엇이 있나.

나만 그런 사람인가 봐.

너그럽지 못 한 사람, 찝찝해하는 그런 사람.

이것만 아니면 좋은 사람인데

뭐해? 오랜만에 술 한잔할까?

이런 문자를 받는 날이면 어김없이

좋은 날보단 안 좋은 날이 더 어울렸다.

길지 않은 문장에 "술"이 들어가고 의문문일 때면 어

느 정도 예상이 된다.

이불 속을 박차고 나와 약속된 장소까지 간다.

그 길 위에서 생각한다.

'오늘의 끝에서는 별일 없었으면'

하지만, 역시나 바람은 반대로 이루어지는 법.

그렇게 걷다가, 걷다가 도착했을 때
너는 할 말이 많은 상태라는걸, 나는 옆에 늘어진 술
병을 보고 알았다.
그래서 무슨 말이 하고 싶은 걸까.

인생? 사랑? 사람? 우리의 앞날?
술이 네 병쯤 들어갔을 때인가.
한숨과 탄식이 섞인 목소리로 말한다.
'하, 이것만 아니면 참 좋은 사람인데,'
'아니 저것만 아니면 참 좋은 사람 같은데 왜 그러는
걸까.'

아, 결국 사람 얘기구나.
나는 최대한 눈을 동그랗게 뜨고 이야기를 듣는다.
얼굴 한번 봐주고
시계 한번 봐주고
몸을 앞으로 살짝 기울였다가
감탄사 같은 적당한 호응도 해주면서.

근데 그거 알까.

상대방도 그런 생각을 하고 있을지 모른다고.

어떻게 다 마음에 들 수 있겠어.

좋은 것만 꺼내 쓸 수 있는 사람이 어디 있겠어.

결점 없는 사람은 없잖아.

사람이 완벽하면 재미없잖아.

어쩌면 우리는 장점보단 단점을 잘 볼지도 모르지.

그럼에도 같이 살아갈 수 있는 이유는

장점을 보려 노력하는 사람들이 있고

단점은 채워줄 수 있기 때문이니까.

본인의 감정과 아쉬움을 우선시한다면

관계는 적당한 거리가 될 수 없지,

적당히 늘어진 실처럼.

충분한 대화만이 우리의 아쉬움과 관계를 보존할 중

요한 방법인지 모른다.

혹은 굳이 서로를 맞출 필요도 없거나.

함부로 누군가에게 무엇을 바라면 안 된다.

그게 무엇이든.

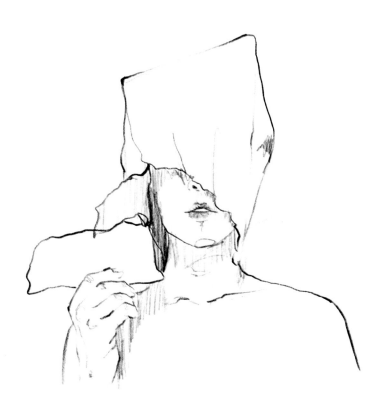

당신이 내어준 시간 한 조각

2017년도, 때는 여름이었다.
엎드렸다가, 누었다가, 웅크렸다가 그때의 시커먼 곳
에서 나를 꺼내준 건 대학 동기였다.
그 흔한 인사 한번 제대로 건네 본 적 없고 어떻게 친
해졌는지 모를 그런 친구였다.

어느 순간부터 같이 술을 먹고, 같이 얘기하고
서로의 일상에 스며들어 좋은 일들을 자주 나누고 지
냈다.
하지만 매번 좋은 일만 있을 순 없는 법.

때로는 누군가를 붙들고 '내가 힘들어서, 얘기 좀 들어줘'하고 하소연하고 싶을 때가 있는 법이다.

마침 그날은 친구가 먼저 연락을 해왔다.

"뭐하냐? 그냥 누워 있을 거면 공원에서 맥주 한잔하자"
대충 걸쳐 입은 옷과 쿠션이 주저앉은 슬리퍼를 끌고 공원을 향한다.

그날, 너무 밝게 웃으며 얘기하다 대뜸 너무 힘들다고 말해버렸다.
못나도 너무 못나서 하루가 버겁다고.
자책과 떨어진 자존감, 해소하지 못한 옛 감정들이 힘들 때만 골라서 문을 두드렸다.
다리가 저리고
눈물, 콧물이 뒤섞이고
아는 사람이 지나가도 신경 쓰지 않았다.
차디찬 대리석이 미지근해져도, 다리가 저려와도 해가 이미 숨어버린 시간에도 오래도록 그 자리에 있었다.

가슴 어딘가에 걸린 말들을 끄집어내 얘기했다.
그렇게 한차례 울고 나니 마음은 한결 가벼웠다.

그날 친구는 이러려고 온 것도 아니었지만 가만가만
등을 토닥여주었다.
"잘하고 있으니까, 스스로의 여유를 빼앗지 마"
당황한 기색 하나 없이 들어주다 내게 건네준 위로.

말한다고 해결되는 일은 아니라는 걸 잘 안다.
나를 힘들게 한 것에 대한 답을 찾는 것도 내 몫이고.
아주 잠시 가벼워지지만, 원래의 무게로 돌아간다는
것도 안다.

하지만 그저 말 몇 마디 내뱉는 게 마음을 얼마나 가
볍게 해주던가.
그걸 들어줄 사람이 있다는 것만으로도 숨이 트일 때
가 있다.

그날 나는 한 사람에게서 선함을 느꼈다.
대가를 바라지 않는 호의도 있다는 걸 느꼈다.
보편적인 위로도 가끔 필요하다는 걸 느꼈다.

누군가를 위해 내어준 친구의 시간은 흔들리는 마음
을 잡아줄 수 있는 시간이었고 영원히 기억에 남을만
한 선물을 준 것이다.

우리는 그렇게 휘청거릴 때마다 누군가의 시간 한 조
각으로 일어나기도 하고 넘어지지 않게 된다.
누군가 내게 손을 내밀었을 때 흔쾌히 내어준 시간으로,
혹은 상대방이 내어준 소중한 시간 한 조각으로 또
괜찮아지고 그렇게 살아갈 것이다.

140 . 나는 나를 안아줘야지

우리는 달라서

누군가는 자신의 일터에서 분주할 시간에
나는 창밖이나 바라보며 글을 끼적이고 있었다.

그러다 집중이 흐트러지면 노래를 틀거나
혼자 흥얼거리고 하루가 어떻게 흘러가는지 재기 시
작한다.
그것도 부족하면 문득 시선이 향한 핸드폰을 집어 들고
지난 대화들을 돌려본다.

"책은 언제 나오냐"

"오래 걸리네"

"할 수 있긴 하냐?"

"졸리면 자면 되지, 하루 종일 집이잖아"

"할 건 해야지"

회사를 다니는 누군가와 달리

앉아서 글을 쓰는 나는 너무나 달랐다.

가끔씩 만나는 우리는

그렇게 특별하지 않은 이야기들을 풀어놓고

잠시 정적도 흐르다가

옛이야기를 끄집어내고

그동안 겪은 이야기들을 뱉어낸다.

하지만 달라진 환경에 서로의 공감대는 존재하지 않고

더 이상 옛 추억을 되새김질하는 건

또 피곤한 일이 되어버렸는지 모르겠다.

하루 종일 집에만 있다고
자고 싶을 때 자고
먹고 싶을 때 먹을 수 있는 거 아니냐고.
그런 분위기의 대화가 나온다.

아니라고, 그럴 순 있지만
그러지 않는다고 애써 말하고 싶은 입을 꾹 다문 채,
또 대화를 돌린다.

어차피 서로 재고 또 재는 그런 경주가 되어버릴 테
니까.
누가 더 힘든지 내기하는 경주가 되어버리니까.

한때 그렇게 좋았던 우리 관계가
이렇게 멀어지는 날도 오는구나.
생각보다 서로에게 무거운 존재라고 생각했던 때는
가고
이렇게 다르다며 멀어져간다.

나는 널 알 수 없고

너는 날 알 수 없다.

우리는 너무나 달라서.

때마다 바뀌는 계절처럼.

미안해서 짜증낼 때

엄마가 뭘 좋아했더라.

이런 생각을 할 때면 어김없이 기념일이 다가오는 순
간들이었다.

어버이날, 생신, 오랜만에 집을 향하던 날에도.

선물을 준비하고 싶지만, 모르는 게 많아 스스로를 자
책하며 물어보기도 미안한 감정이 끓어 넘친다.

옹기종기 모여 TV를 보다가도, 꽃잎이 멋들어지는 길
을 걷다가도 엄마는 말한다.

"이야~ 저런 곳이 있구나, 아유 나는 언제쯤 가보려나"

"어머 이거 너무 예쁘다."
"저것도 좀 필요한데, 하나 사놓을까"

집으로 향하는 걸음을 재촉하는 말.
그 말들이 반갑지 않았다.
그건 곧 나의 유능하지 못함을 밖으로 끌어내 질책하
게 만들어서, 나는 괜히 툴툴거리는 말투로 흐름을 끊
는다.

"얼른 가요~ 가서 나도 저녁 준비해야지"
"담에 하나 사줄게"

별거 아닌 것 같은데, 그 별거 아닌 게
사람 마음을 후벼놓을 때
하루 종일 기분이 좋지 않다.
후회를 한다.

미안해서, 해주지 않아서, 아는 게 없어서.

속상해서 나온 짜증은 잔상이 깊고

그깟 것들 다 아무것도 아니었는데 말이지.

그렇게 시간이 지나 후회할 날이 많아지겠지.

먹고살기 바빴다는 핑계로 돌아선 날들.

삶은 빈손으로 왔다가 빈손으로 간다고, 참 뭐 없다지만.

미안해서 짜증 내고

못 해준 게 많아서 짜증 내고

부족한 능력에 짜증 낸다.

내가 나한테 짜증 난 거면서

그게 당신을 향한다.

그리고 상처로 깊게 남는다.

시간이 지나 눈에 들어오는 것들은

그때를 떠올리게 해 마음에 박히겠지.

다 아픔이 되겠지.

그때 엄마처럼.

내 짜증을 못 이기고 튀어나온 몇 마디 말에 입속은
오래도록 썼다.

자주 서운하다는 건

살다 보면 "어떻게 이럴 수 있지?" 싶은 서운한 순간
들이 생겨난다.
내가 얼마나 잘해줬는데.
내가 뭘 어쨌다고.
많은 걸 바란 것도 아니었는데.

미간에 힘을 주고 입 밖에 몇 마디 내뱉을 단어도 삼
켜보며 삭히던 때가 있었다.
'서운하다'
'섭섭하다'라는 감정들.

끝내 꺼내놓지 못한 표현들이 있다.

우리는 종종 앓고 있으며 겪어본 감정들.
마음 한편에서 좀처럼 자리를 내어주지 않는 감정들.

집으로 돌아가는 길,
"이해해야지, 그럴만한 이유가 있었겠지"
짧은 날숨과 함께 읊조렸다.
이해한다는 것은 서운함이 쌓이는 것이고 많이 애정
하기에 가능한 일이라는 것을.
내 삶에 가까운 사람들 그리고 시답잖은 애기를 나눌
수 있는 사람들로부터 느낀다는 걸.
상대방의 말투와 행동, 각진 말들로 하여금 시작되어,
받아들이는 내 마음으로부터 생긴다는 걸.

우리는 가끔 말하지 않아도 알아주길 바라고.
아닌 걸 알면서도 그냥 넘어가 주었으면 하고.
오해를 비롯한 얽히기도 하지.

하지만 곁에 머무는 그들은 내가 될 수 없다.

나는 그들이 될 수 없고

우리는 서로 말하지 않으면 모르지.

내 마음으로부터 생겨나는 이 감정을 떨쳐낼 수는 없다.

내가 생각한 그 사람이,

나를 이렇게 만든 그 사람이,

나에겐 너무나 소중해서, 부응해줬으면 하기에 그럴지도 모른다.

많은 걸 바라진 않아도 곁에 머무는 사람들에게 살며시 얹은 시간과 노력, 마음이 있기에 알아주었으면 해서.

그렇기에 서운하다는 것은 사랑한다는 또 다른 말일까.

앞으로도 우리는 자주 서운해하며

또 자주 풀어나갈 것이다.

그리고 서로를 더 깊게 마음에 들여놓겠지.

이별이 늘 슬플 필요는 없지

꽤나 괜찮았던 사람들
보통의 사람들보다 잘 맞았던 사람들
하나를 말하면 둘을 알고
"싫어"보다는 "좋아"라는 말들이 더 많았던 사람들.

애석하게도 좋은 시간들은 늘 빠르게 흘러갔다.
그 시간 속에서 다리를 꼬아도
저림은 머리까지 오지 못했고
끊이지 않는 이야기에
항상 아쉬움을 많이 남기곤 했다.

그래서 이 인연들은 언제보아도
자주 보거나, 그냥 보아도 좋을 거라고 생각했지만
그건 섣부른 생각이었을까.

각자의 방향은 달랐고
인생의 어느 순간에 있어서
서로 다른 길을 선택해 걷고 있었다.

어느 갈림길 위에서
나는 이쪽이 좋다
너는 그쪽이 좋다
나는 이쪽을 가야만 하고
너는 저쪽을 가야만 하고.

흐르는 시간은 우리를 많이 바꿔놓았다.
생각도.
모습도.

꽤나 오랜만에 만나는 날
멀리서부터 보인 모습에 반가운 몸짓을 해가며 웃는다.
그렇게 우리는 마주 보고 앉았지만
이야기에는 약간의 어색함이 묻어있고 행동은 어딘
가 자꾸 기울어져 있다.
만나면 실없이 웃던 그때의 우리는 더 이상 보이지
않는다.
온갖 현실적인 얘기들과 쓴웃음들.

너와 나의 앞날에는 무엇이 있는지
무엇을 할 건지
또 어떻게 지냈는지 서로의 삶에 의문을 던진다.
설레던 마음은 어느새 불편해지고 몸을 이리저리 비
꼰다.

"집엔 언제 가지, 무슨 얘기를 할까"
자리를 벗어나고 싶어진다.
너와 나 사이에 투명한 막은 원래 있던 것일까?

없다가 생긴 것일까?

입을 떠나 뱉어진 말들은 뿌연 연기처럼 알 수가 없다.

시간만 들여다보는 나는, 우리는 더 이상 그때 같지
않다.

말이 없는 침묵도 어색해졌다.

둘이 앉아 비좁은 그런 테이블에 있지만

손을 뻗어도 닿지 않을 것 같지.

자주는 못 보겠지만

꽃이 피고, 지고

산이 물들었다가 하얗게 갈아입을 때

그 중 한번은 보자고

가끔 연락도 하자고 말한다.

그렇게 걸어 나간다.

하지만 나는 짐작했다.

우리는 그만 보겠구나.

뒤돌지 않는 그 모습에

그때의 나와

그때의 너는 더 이상 존재하지 않으니까.

누구의 잘못도 아닌데 말이지.

누군가의 생에 잠시 있다 가는 것만으로도 꽤 의미
있었다고 말할 수 있겠지.

스며드는 일

에어컨을 잠시라도 끄면 등과 엉덩이가 축축하게 젖어버릴 무더위 속에서, 그날도 열심히 운전대를 붙잡고 있었다.

동생을 회사 숙소로 데려다주는 길이었다.

어찌 된 일인지 차 안에는 나와 동생, 엄마만 있었지만 마치 산만 한 덩치를 가진 사내들이 탄 것처럼 분위기가 무겁기만 했다.

숙소로 향하는 내내, 나에게 말을 걸어준 건 아마 음악 소리였다. 그러다 살짝 본 동생의 얼굴에는 어두운

빛이 맴돌았다. 아마 가기 싫어서 그런 거겠지, 그렇게 짐작했다.

그저 나도 그랬던 때가 있었으니까.

그 사람에게 스며들지 않고서야 알 수는 없으니까.

그렇게 숙소에 도착하고 엄마와 동생이 올라갔다. 하지만 그 이후로 한참을 내려오지 않았다.

전화도 받지 않고 꽤 오래 기다렸을까,

해가 조금씩 어물쩍 들어가려 한다.

터벅터벅 발소리가 들리고 엄마의 어두운 표정이 보인다.

그 표정은 집에 도착할 때까지 배신이라도 당한 것처럼 풀리지 않는 표정이었다.

그리고는 엄마가 한차례 눈물을 흘렸다.

지저분한 방과 발 디딜 틈 없이 쌓여있는 택배 박스 때문이라고.

그렇게 살고 있는 자식을 보자 무언가 단단히 잘못되

었다는 것처럼 다물고 있던 입에서 말을 쏟아냈다.
동생의 어두운 낯이 그것 때문이었나.
아마 동생도 보이고 싶지 않았을 거다.
이런 모습인 걸, 이렇게 사는걸.

그럴 수도 있다는 생각도 들다가
순간 왜 그랬을까 라는 생각과 동생을 이해했다.
그리고 엄마를 이해했다.

여유가 없었던 시절. 어릴 적부터 그런 시절이었다.
'갖고 싶다'라는 말은 언제나 부담이었다.
갖고 싶은 것들은 갖지 못했고
많은 것들을 미뤄두고 오래 기다렸다.
하지만 끝내 손에 잡히지 않았고
잡혀도 금세 내 영역 밖으로 벗어난 것들이 있다.

그래서 마음은 고단해졌고 서로 날카로워졌다.
19살 무렵이 되자마자 사회로 뛰어 들어갔고 내가 들

어선 이 길이 맞다고 생각했지만, 우리가 기대한 생은
어디에도 없었다.
하긴 생이 나에게 무언가를 준다고 약속한 것도 아닌데,
나는 생을 원망하고 받지 못한 것이 있다고 노려보곤
했지.

처음부터 끝까지 그 기억을 다시 턱이 아프게 곱씹었다.
갖고 싶은 것도 말하지 못하고 삼켰던 시절.
자기만의 공간이 없었던 시절.

지금에서야 조금씩 채우고 있었던 건 아닐까.
그동안 갖지 못한 것들,
부족했던 것들,
그중에는 아마 사랑도 있을 것이고 아쉬움도 있을 거다.

나는 그렇게 동생에게 엄마에게 스며들었다.
어디 가서 싫은 소리 듣지 않길 원했던 엄마의 마음
까지도.

이해란 남의 사정을 잘 헤아려 너그러이 받아들임.

서로를 이해하는 일은 곧 스며드는 일이고
그렇게 스며들어서 그의 결핍을 감싸 안는 일.
마음이 쓰이는 일.
상대가 아프면 나도 아프고
상대가 좋으면 나도 좋고
서로의 어깨를 빌려 기대고 감정을 나눌 법한 일.

쉽지 않은 일이지만 그 속에는 상대방을 더 알기 위
한 노력이 들어있는 그대로를 인정하며 잘 지내기 위
함이 아닐까.

우리는 흔히 상대를 이해하는 건 불가능하다고 하지
만 또 손 놓고 있지 않을 거라는 걸 안다.
관계 속에서 서로를 더 사랑하기 위해 노력할 것이고
그렇게 뿜어내는 온기가 주위를 따뜻하게 하니까.

사랑은 어찌할 수 없다

사랑이 다가오는 모습을 보았다.
긴 생머리에 갈색 머리카락, 또렷한 눈과 비슷한 키.

어쩌다 마주친 날부터 우리는 서로에게 관심을 보였다.
서로의 하루를 궁금해하고
어색한 연락을 기다리고
뜬금없는 전화를 걸어본다.

아프다는 말에는 항상 가벼운 걱정이 따라붙었고
배가 고프다면 먹고 싶은 음식을 물어봐 줬다.

모든 것을 품어줄 듯이 쳐다볼 때
어두운 영화관에서 조용히 팔에 기대었을 때
집 앞에서 꽉 안아주었을 때
카메라 셔터에 손가락이 움직였을 때
서로의 거리는 가까워졌고
각자 본인들의 삶과는 거리가 점차 멀어졌다.
그렇게 사랑은 조심스럽게 앞에 서 있었다.

하지만 사랑이 늘 평화롭지는 않지.
예민하고 변덕스럽기도 하다.
롤러코스터처럼 오르락내리락.
잔뜩 긴장했다가 또 웃기도 했다가
울고불고 잡아먹을 듯이 싸우기도 했다가
가끔은 속 빈말들을 꺼내놓고
낮과 밤처럼 은은하게 바뀌어간다.

이제 사랑이 멀어지는 모습이 보인다.
1이 없어진 문장에 답장은 조금 늦어지고

나는 기다려야 한다.

조금씩 조급해진다.

약속은 쉽게 미뤄지고

나는 "언제든" "아무 때나"라는 단어 그 어디쯤에 파
묻히고 만다.

예기치 못한 일이 자주 생긴다.

그리고 마주 보는 탁자 위에선 침묵이 길어지고

대답은 짧아진다.

얼음이 녹아버린 탄산음료처럼

짜릿함은 더 이상 없다.

밍밍한 목소리를 들을 때쯤

사랑이 멀어져가는 소리가 들려온다.

변해가는 모습을 쳐다본다.

멀어져가는 마음을 감당한다.

'적당히'가 얼마나 어렵던가.

수줍어하는 아이를 잡으려는 것처럼.

사랑은 잡으려 할수록 점점 멀어지고 흐릿해져 갔다.
하긴 그렇게 쉬운 거였다면 갈구하고 잡으려 하지도
않았겠지.
어디에도 있고 알아차릴 수 있었지만 내가 어찌할 수
없는 것.
사랑은 가끔 우리를 비참하게 만들고 은근슬쩍 발뺌
하곤 떠나갔다.

우두커니

문 앞에 서 있다.
이 문을 열어도 괜찮을까?
한참을 머뭇거리고 망설인다.
여긴 나만의 공간, 이 너머는 당신의 공간.

사람들이 묻는다.
왜 그렇게 담을 쌓고 살아?
마음이 너무 서걱서걱해.
그 마음은 선인장처럼 뾰족하고 까끌까끌하다.
다가오는 사람에게 괜히 투덜거리고

서늘한 말로 상처를 준다.

멍하니 있던 순간이 많고
멀찌감치 있던 시간이 길었다.

오는 사람을 밀어내고
반듯하게 선을 긋는다.
적게 웃고 혼자 심각했으며 빈정거렸다.

자리를 내어주거나 누군가의 시선에 들어간다는 것
은 생의 한 부분을 나눠주는 거라 생각했다.
그건 곧 사랑인 것이고 누군가의 온기가 남아있는 걸
봐야 하는 건 늘 슬펐다.

두려웠던 걸지도 모르겠다.
사랑하게 될까 봐.
사랑받는 게 부담스러운 것이 아닌
사랑하는 것이.

사랑 그 두 글자에는 행복, 설렘도 있지만
언제나 두려움, 걱정도 오기 마련이니까.

사랑함으로써 나의 결여된 부분을 채우고
밤잠이 성글어지고 한여름 옷깃에 눈이 내리는 것처
럼 좋기도 하고 밥은 먹었는지 궁금해지고 여러 사랑
을 느낄 수 있다.
하지만 사랑은 불현듯 왔다가 갑자기 가버리는 것.
덩그러니 남겨진 뒤에는 또 후회와 빈자리를 봐야 하는
초라한 자신만이 있다.

괜찮은 척은 결국 하루를 무너뜨리고
늘 해오던 일상은 또 뒤바뀐다.

우두커니 있던 사람은
사랑하게 될까 봐 두렵던 사람
상흔이 뚜렷하게 남은 사람일지 몰라

사랑하게 되는 것은

몇 분 만에 가능할지 몰라도

사랑을 잊는 것은

평생이 걸린다고 하니까.

나는 여전히 두렵지만

그렇다고 여전히 바라보지만은 않고

지금도 많은 것에 마음을 주고 난 후였다.

조금씩 마음의 문을 열어두려고 하는 중일까.

괜찮을지도 몰라.

그러다 보면 훌훌 털어버릴 줄 아는 그저 그런 사람

이 될 수도 있으니까.

아주 간혹, 조금만 우두커니가 되어야지.

타인에게 지옥이 되지 않게

바쁘게 몸을 움직이던 사람들.

아마 추석을 앞두고 직원도 고객도 분주했다.

입구에 서서 물건을 정리한다. 먼지를 털고 가지런하게.

뒹구는 쓰레기들을 모아 버린다.

사람들이 지나간다.

아이도, 어른도, 인사가 무색해지게 나에게 눈길 한

번 주지 않고 그들은 갈 길을 간다.

서운하기보다는 오히려 좋았는지도 모른다.

아무도 신경 쓰지 않고 말도 걸어오지 않고 편했으니까.

사람을 상대하는 일을 하다 보면 사람이 좋았다가도
싫어지는 순간이 늘어난다.

점심시간이었나, 한 노부부가 입구를 서성인다.
고기 한 팩과 음료수, 여러 가지 채소들을 가지고.
담을 것을 찾는 걸까.
선물 세트 상자를 뒤적이더니 사용할 수 없는 쇼핑백
을 들고 가려 한다.
그걸 본 다른 직원은 냉랭한 말투로 쇼핑백을 낚아채
고 바쁜 걸음으로 장소를 옮긴다.

나는 그들에게 다가간다.
필요한 거 있으신가요?
그들은 잘못을 지은 것처럼 어두운 표정과 몸짓으로
말한다.
작은 쇼핑백 하나만……짐은 많지 않은데 힘이 들어
서요.
미처 챙기질 못했네요.…….

나는 사무실에서 작은 쇼핑백을 구해온다.
'좋은 명절 보내세요'
내가 그들에게 처음이자 마지막인 말을 한다.
그들은 내 손을 꼭 잡고는 말한다.
정말 고맙다고, 정말.

또 누군가에게 마음을 주고 있었다.
'그러지 않아야지' 다짐하고 싫다고 했으면서도.

세상이 천국이고 지옥이 되는 것은 아주 한 끗 차이
일지 모른다.
사람의 마음 따라 결정되기도 하니까.
나도 내 마음을 자주 들여다봐야지
어떤 하루가 될지 모르니까.
누군가에게 지옥이 되지 않기 위해.
스스로를 지옥으로 만들지 않기 위해.

마음 둘 곳

"다행이다, 쟤가 사람 때문에 상처를 많이 받았거든요, 근데 이제야 내 친구가 기댈 사람이 생겼다는 게, 마음을 둘 수 있는 사람이 생겼다는 게 너무 좋아 보여요."

어쩌다 슬픈 얼굴을 하고 이런 얘기를 나누고 있던 걸까.
놀이터에 온 아이처럼 신이 난 여자 친구를 본다.

때는 초봄 그즈음, 선한 바람이 불어올 때였다. 날씨가 많이 화사해지고 어디든 가고 싶은 욕구가 샘솟던 때.

우리는 눈여겨봐 둔 예쁜 장소들을 서로 공유하고 그런 곳들을 가고 싶어 했다.

마침 지인들에게 나를 소개해주고 싶다는 여자 친구의 바람도 있었기에 친구분들과 다 같이 시간 맞춰 여행을 오게 된 거였다. 분주하게 짐을 정리하고 고기를 굽고 어색한 기류를 바꿔보려고 이런저런 얘기를 하던 게 저 대화의 시작이었다.

그러다 친구분의 놀란 표정이 보였다.

그가 말하기를 지금까지 누군가와 같이 있는 걸 가끔 봐왔지만 저렇게 좋다고 직접적으로 말한 건 처음 본다는 말이었다. 행동이며 눈빛이며 너무 다르다고. 친구의 눈에는 추운 겨울 속에서 하염없이 떨다가 봄을 맞이한 사람으로 보였을지도 모른다.

"마음 둘 곳이 생겼구나"

친구에게 저 말을 들은 너는 내 손을 단단히 잡았다.

내 손을 잡은 네 손에서 기분이 느껴진다.

행복함, 행복이 끝날까에 대한 두려움 같은 것들.

또 혼자 남겨지지 않을까 하는 불안함 같은 것들.

고마움, 미안함.

어쩌면 손은 더듬이 같은 게 아닐까 생각했다. 맞잡은 손이라던가, 쓰다듬는 손이라던가 느끼는 것들이 많으니까

순간 나는 멈칫했다.

마음을 둔다, 그것은 무얼까.

오래전 가까운 사람에게 마음을 뒀다가 상처받은 내가 있었다.

가장 좋았던 사람이 크게 아프게 했고

많이 내어줄수록 상처도 컸다.

시간이 지날수록 우리는 어딘가에 기대고 마음을 두는 것이 어려워진다.

늘어가는 각자의 사정이 있고 여유는 작아지고 받은 상처는 뚜렷하기 때문일 거다.

그래서 내 마음은 내 마음, 어디에 둘 필요는 없겠다 다짐했었다.

그런데 지금 너는 그 마음을 흔들고 있었다.

너는 나에게 뭐든 해주고 싶어 하고 나는 너에게 뭐든 해주고 싶어 하는 마음이 생긴다.

그렇게 아프고도 또 마음 둘 곳을 찾고 한사람에게 의미 있는 사람이 되어가고 있었다.

그러면 적당히 놔두는 건 괜찮겠지. 그렇게 해야지 생각한다.

편안한 너의 얼굴이 보인다.

무엇이든 우리에겐 마음 둘 곳이 필요하다.

어떤 경우에도 내 마음을 받아줄 곳이 생긴다면 새로운 삶을 살지 않겠는가.

그렇기에 마음 둘 곳을 간절히 찾아 힘든 순간들을 견디고 살아내는 것일지 모른다.

토닥여주고 싶은 사람

햇살이 창문을 가득 채워 따뜻해질 때쯤 베란다에서
한쪽 다리를 살포시 접고 벽에 살짝 기댄 채 화분을
정리하는 엄마가 보였다.

엄마의 뒷모습은 언제나 짠했다.
억척스러운 삶, 서글픔, 고단함
그런 것들을 말할 수 있는 뒷모습.
그런 뒷모습이지만 어린 시절은 다르지 않았을까?

나는 말을 건다.

내가 아는 거라곤 4남매 중 셋째라는 것, 외할아버지한테 손 한 번 벌린 적 없고 도움 한 번 받아 본 적 없다는 것. 이모들은 외할아버지의 도움으로 결혼식도 어렵지 않게 했다는 것. 그 정도였다.

엄마는 한껏 부드러운 목소리와 슬픈 표정으로 말해준다.

"운동을 참 좋아했어, 잘하기도 했고 또 뭐든 해보고 싶었지. 근데 너희 외할아버지가 보통이 아니잖니, 한 번은 치마 입었다고 혼나고 조금만 늦어도 난리가 났었어.
그래도 아버지는 내가 많이 챙겨드렸는데, 나도 조금 도와줬으면 결혼식도 하고 그랬을 텐데"

아쉬워 보였다. 외삼촌 역시 머리가 좋아서 상도 많이 받아왔다고, 하지만 좋은 일과 상반되게 우는 날이 더 많았다고 했나.

1년에 한 번인 명절날에도 언제 칭찬 한 번 해준 적
있느냐고 서럽게 우는 모습을 봤다.

그럼에도 엄마는 외할아버지를 원망하거나 미워하지
는 않았다. 외삼촌은 여전히 바쁘게 외할아버지를 챙
기고 있다.

나는 그 이야기를 듣다가 생각했다.
아마 애정, 사랑 같은 것들,
외할아버지도 부모님으로부터 많이 사랑받았다면 그
자식들도 조금은 더 많은 사랑을 받지 않았을까.

사랑 주는 법을 알았다면 미소 짓는 날이 많지 않았
을까.

그때 그 시절로 가고 싶었다.
외할아버지, 외할머니는 엄마와 삼촌에게 충분한 사
랑을 주지 못하셨겠지만, 그 자식들은 사랑이 무엇인

지 우리가 태어나는 순간부터 삶으로서 알려주고 있었다.

내가 받은 애정만큼, 그 시절 외할아버지와 소녀, 소년에게 주고 싶었다.

그랬다면 조금은 다른 인생을 살지 않았을까.

더 웃었을지도 몰라,

세상의 슬픔이 조금은 비껴갔을지도 몰라.

그렇게 생각하다 이내 가만가만 토닥여 주고 싶었다.

기다려 본 사람

숨만 쉬어도 기분 좋아지는 날.

아니, 정확히는 함께이기에 그냥 즐거운 날들이 있었다.

아무것도 하지 않고

아무것도 먹지 않아도

그런 일상의 허기쯤이야 늘 뒷전으로 만들 수 있었지.

늘 그런 핑크빛 하루들이라면 얼마나 좋을까.

늘 좋으면 식상하다지만 정작 그 식상함을 겪어본 적
은 없었다.

어느 날은 무더운 날처럼

쉬지 않고 열을 내기도 하고

또 어느 날은 추운 날처럼 입을 꾹 닫고

각자의 주머니에 손을 넣기도 했고

또 어느 날은 시험 결과를 기다리는 것처럼

서로를 오래 기다리곤 했다.

그 기다림이 유난히 길었던 어느 겨울날이었다.

"다시 연락할게"라는 말을 뒤로 하고 나는 기다리고 있었다.

답장에 늦지 않게 진동에서 소리로 바꾸는 준비까지.

창문으로 들어오는 햇빛이 점점 줄어들고

밝던 내 방 공간이 조금씩 어둑어둑해질 때

플레이리스트가 처음에서 끝까지, 다시 처음으로 돌아왔을 때,

지루함이 밀려오고

시간은 훌쩍 지났는데 잠은 오지 않고 신경은 곤두섰다.

내가 내 신경에 지쳐 눈이 감겼을 때
핸드폰에서는 진동이 울리고 나와 멀어지고 있었다.

"정말 미안해, 핸드폰을 잠시 잊었네"
그 일이 있고 난 후 얼마 지나지 않아 이별했다.
'그냥 거기까지였겠지'

섣부른 생각이었을까.
하지만 그것 역시 아닌 것 같다고.
그 이상이었다면
그렇게 오래 기다리지는 않았을 테지,
그렇게 끝나지 않았을 테니까.

귀가 떨어질 듯한 추위에도
녹아내릴 듯한 더위에도
아니, 날씨가 어쨌거나 기다려본 사람은 안다.
기다림에 익숙해진다는 건 슬픈 일이라는 거.
바람 빠진 풍선처럼 매가리 없어지는 거.

언제 올지도 모른 체

움직일 수도 없고 가만히 있을 수도 없는

쉬운 게 아닌 순간이라는 걸.

기다려본 사람은

마음 둘 곳이 오길 바라던 사람.

기다림이 싫어진 사람은

끝내 마음 둘 곳을 받지 못했던 사람.

또 보자는 말

A: 뭐 먹을래?

B: 음... 뭐 먹고 싶냐?

C: 나ㅎ, 다이어트 중임ㅋㅋㅋ

책을 출간하고 처음으로 친구들을 마주한 순간이었다.

언제나 그랬듯 먹고 싶은 음식 얘기를 하고

어떻게 지냈냐는 질문과 잘 되어가고 있냐는 다소 부

담스러운 질문이 건너왔다.

'그냥 그래, 아직은 잘 모르겠다'라는 말을 뒤로 하고

주린 배를 채우고 싶었다.

만나서 떠드는 순간인 만큼 일 얘기로 스트레스받고

싶지 않았다.

그래서 급하게 근황에 대해 물었다.

다이어트를 시작한 친구가 있고

이직해서 주임이 된 친구가 있고

잊고 지내던 오래된 친구가 있었다.

다들 잘 지내며 여전했다.

그렇게 지내는 것 같았다.

여전하다는 말에는 편안함과 지겨움이 동반하지만

언제나 그랬듯 나에겐 편안함으로 더 다가왔다.

모습은 여전했지만, 또 여전하지 않았던 건

먹기 싫은 나이를 먹어가며 가슴 한구석에 무언가를

가만히 품고 사는 그런 사람이 되었고 각자 무언가를

짊어지고 있었다는 것.

그런 여전함 속에서 친구가 했던 말이 있다.

날도 좋고 기분도 좋다고
만날 이랬으면 좋겠다고 그렇지 않냐고 말했다.

나는 얕게 웃었다.
그랬으면 좋겠다 말하고 다시 액셀을 밟았다.
그날 기분이 좋지 않았다.

노력에 대한 결과가 나를 시큰둥하게 만들었고
책이 잘 안되었고 나를 찾아주는 사람은 없었으며
멋있다고 말하는 주변인들에게 보여줄 건 어쨌든 현
재의 내 모습이었으니까.

또 이 순간을 놓고 너희의 뒷모습을 보겠지.
내일을 맞이할 준비를 하면서 아쉬움이 밀려올 것을
알아서 창밖을 자주 바라봤다.
내일이 싫어진다는 생각이 들 때쯤
어느덧 갈 시간이 되었다.
친구는 밖에서 나를 안아줬다.

또 보자고 나에게 말했다.

나는 한 번, 두 번 뒤를 돌아봤다.
또 보자는 말이 누군가에겐 몇 날 며칠을 잘 살아가게 할 수도 있겠구나.

우리를 살아가게 하는 평범한 말, 또 보자는 말일지도 모른다.
언제인지 모를 기약 없는 날을 약속하는 것이지만
그 기약 없는 날을 위해 기다리기에.

우리의 등을 다시 돌려놓고
돌아오게 하는 것 역시
저런 작고 사소한 일에서 시작된다.

그 작고 사소한 말로부터 그런 감정을 느낀다면
힘든 순간이겠지만 별수 있나.
삶이 그런걸,

아픔이 아픔에게

마주 보는 탁자 위에 우리는 이질감이 없다.
당장 어제 만난 것처럼 웃고 떠든다.
알 수 없던 현실을 받아들이며 반복되는 상처와 치유
를 겪어간다.

우리는 이제 도서관보단
업무 종이가 즐비한 책상이 어울렸고
연필과 책이 있던 책상보단
술잔과 안주가 있는 자리 앞이었다.

한 잔, 두 잔 마시다 보면 우리는 서로의 어깨를 빌려
삶은 왜 이렇게 고단한가? 얘기하고 각자 꿈을 꾸고
만 있었다.

너는 인상을 쓴다.
무엇을 말하려는 건가.
한숨을 한 번 내뱉고는 입이 간지러워 보인다.

얼굴을 붉히며 애써 말하려는 이유는 아마도
마음에 더 담아둘 자리가 없었기에 그랬는지 모른다.
여유로운 마음이었다면 애초에 웃고 떠들다가 갔을
테지.

인생의 몇 시기들은 감정적으로 받아줘야 하는 순간
이 있다.
마음속에 담아두는 것도 한계가 있으니까.
더 이상 담아둘 자리가 없어 밖에 꺼내 놓으려 하는
거니까.

나는 너의 이야기를 듣는다.

답이 없어서 한참을 찾아 헤매야 하는 그런 일들.
듣기만 해도 내가 답답하고 대신 화낼 만한 일들을
말한다.

눈시울이 붉어질 만한 이야기들을 털어놓으면
나는 끄덕인다.
그리고 내가 해줄 거라곤 이것뿐이라는 듯 내 이야기
를 시작한다.

네가 뛰쳐나와 버리고 싶은 답답한 가족사를 이야기
하면
나는 내게 있던 기억 하고 싶지 않은 가족사들을 꺼
내놓는다.

얽히고 얽혀 아쉬운 연인 문제를 이야기하면
내 지나간 인연을 꺼내놓고 내 상처를 말한다.

먼 미래에 답이 없다며 막막한 이야기를 하면
나는 입을 다물었다가 당장 책상 앞에 앉아있는 깜깜
한 나의 오늘과 내일을 말해준다.

그렇게 서로의 마음은 조금 가벼워진 듯했다.
하지민 자리를 정리 할 때쯤
작은 죄책감이 저 전등처럼 마음속에 켜졌다.
나의 불행은 그 정도는 아니니까, 누군가의 불행을 보
고 안도했으니까.
하지만 그럼에도 우리는 웃어 보였다.

잘 안다.
이런다고 해결되는 건 아니지만
후련한 마음은 또 내일을 보낼 힘을 준다는 걸.

나는 지나왔고
너는 아파하는 중이고.
알게 모르게 상처는 비슷하다.

우리의 위로는 이렇게 이루어진다.

각자에겐 최악의 상황이
서로에겐 그나마 다행인 상황이 되기도 한다.

그렇다고 미안해하지는 않는다.
우리는 앞으로도 각자의 상처를 보여주며
위로할 테니.

긴 인연은 때때로 그럴만한 가치가 있는 걸,

네 앞에서 내 아픔을 주저리주저리 떠들어 대는 것쯤
이야.
어쨌든 너는 "지금" 아파하고 있으니까.

가깝고도 먼

어느 새벽, 써 내려간 글들을 고치던 중
안방에서의 기침 소리가 내 방까지 건너왔다.
시끄러운 타자 소리 속에서도 마른 기침 소리는 뚜렷
이 구분했다.
하나, 둘, 까치발을 한 채로 창문을 닫으려 돌아다닌다.

다음날,
화장실을 향하는 엄마의 뒷모습은 왜 이리 굽었던가.
단순히 세월의 시간 때문에 굽었다기보단 삶을 지내
온 고생들이 보인달까.

직선 같은 등으로 세월을 받아내서인지 조금씩 굽혀지는 것 같았다. 삶의 무게를 덜어내는 것이 아닌 더 짊어지는 것일까.

어릴 적 엄마의 그 등과 손에 많은 사랑과 관심을 받고 성장했다. 직접적으로 받지 못했다고 한들 그 등과 손이 있었기에 비와 눈을 피할 수 있었다.
아침에 본 살짝 굽은 등은 사랑, 상처, 슬픔 같은 세월의 흔적이 아니었을까.

요즘 들어 엄마는 아픈 곳이 늘어났고 병원에 가려 해도 쉽지 않다는 것을 느꼈다.
여유라는 것은 왜 점점 사라지는가.
늘어가는 건 아픔과 그에 따른 짜증, 걱정이다.

아마 그건,
아무것도 해줄 수 없는 상황에 대해 난감함과 답답함,
걱정은 쉽사리 마음을 떠나지 않는다는 것을 아는 마

음이라서. 또 돌보지 않았다는 스스로의 무심함에 대
한 반응일 것이다.
그리곤 고작 한다는 말은 "뭐 필요한 거 있어?" "먹고
싶은 거 있어?"라는 투박하지만 애정 담긴 말들.

어릴 적 자주 아팠던 나에게도 엄마는 이런 마음이었
을까.
그때마다 엄마는 나를 등에 업거나 무릎에 눕혀놓고
손으로 쓰다듬어주고는 했다.
그러면 신기하게도 엄마라는 그늘아래서 잠이 들어
정말 개운하게 잔 듯이 일어나곤 했지.

간혹 왜라는 피곤한 질문을 쏟아내도
엄마의 입은 쉬지 않았다.
하지 않아도 괜찮을 일들까지
기꺼이 해줬다.

시간이 흐를수록 서로의 위치는 뒤집어지고

올려다보았던 엄마의 눈동자를 이제는 내려다본다.

'나'로부터 시작되어 '엄마'한테서 끝나는 걱정과
먼 시간을 돌아 엄마가 나에게 물어보는 것이 많아졌
다.
가끔은 머뭇거리며 물음을 던져올 때도 있었는데 물
어본 것을 또 물어보기가 미안하다는 이유였다. 시간
을 빼앗고 짜증 날까 봐.

그때 나는 무엇을 생각했나.
짜증 한번 내지 않고 답해준 적이 있던가.
바쁘다는 핑계로 다음을 기약하진 않았던가.
내 감정 앞세워 상처를 주진 않았던가.
혹 내가 시간을 빼앗겼다는 생각을 했다면 제대로 된
자식인가.

돌봄을 받던 내가
이제는 반대로 걱정을 하고 각자의 역할이 묘하게 겹

치거나 뒤바뀌는 순간이 온다.

그 순간은 늙고 커버린 두 관계의 변곡점, 그 지점을 통과하며 사랑이라는 것을 다시 깨닫고, 경험해보지 못한 또 다른 삶을 보낼 준비를 한다.

우리는 그렇게 성숙해지며 서투른 감정을 또 표현하려 애쓰고, 애절한 문장들이 자주 등장하는 것이 아닐까.

늙고 커버린 관계, 그 사이에는 틈이 있지만 그렇다고 공허하진 않았다.

가깝고도 먼 엄마와 자식이다.

그때는 그때고 지금은 지금이니까.

"형, 잘 지내요? 안본지 오래돼서 보고 싶어요"
아는 동생의 안부전화였다.
간혹 내 생에 일부분을 함께 했던 사람들이 뜬금없이
전화를 해오거나 문자를 보내온다.

그런 사람들은 여지없이 좋은 사람들이었다.
나에게 잘해줬거나 내가 잘해주고 싶은 마음이 들게
했던 사람들.
살다 보면 어떻게 지내는지 궁금해지는 사람들.

하지만 좋은 시간만 있을 순 없고,

좋은 사람들과 계속 같이 있을 수는 없다. 삶이 그렇다.

그런 사람들과 헤어짐을 준비하던 전날은 항상 시끌시끌했다.

마치 할 말이 있었던 것처럼 자연스럽게 옆자리를 차지하고 그동안 하지 못한 얘기를 나눈다.

서운했던 일, 즐거웠던 일, 힘들었던 일 그렇게 얘기를 나누고 하루가 끝나버렸다. 이렇게 할 말이 많이 있었나 싶었고 24시간이 처음으로 짧다고 느껴졌다.

거창했던 시작은 분명히 기억나는데, 술기운인지, 추억인지 그 무언가에 사로잡혀 마지막은 가물가물했다.

마지막 밤을 보내고 나서는 기억을 되짚어보며

전구처럼 반짝이는 순간들이 있다.

'내가 무슨 말을 했나, 진상은 아니었을까'

눈을 떴을 때, 아침은 너무 적막했다.

너무 조용해서 시계 초침 소리가 낯설었다.

이제는 늘 보이던 풍경이 없었다.
분주하던 나도 없었다.

새로운 순간순간은 계속 생겨나지만, 그때의 좋은 시
간은 다시 오지 않겠지 싶었다.
환경, 사람, 분위기, 그때의 모든 것이.
액자의 사진처럼 붙잡아서 놔둘 수 있다면 얼마나 좋
을까.
어쩌면 관계에 대한 섭섭함이 가장 컸을지 모른다.

이미 다 지나고 나서야
조금 더 신경 써줄 걸,
조금 더 잘해주고
맛있는 것도 사주고,
좋은 말 좀 해줄 걸 하는 후회가 밀려온다.
그땐 왜 그러지 않았을까.

가끔 모질게 말해도

일이 순탄치 못해도
함께 있던 좋은 사람들이 위로가 돼 주었다.

유쾌하고 단순하고
하나를 얘기해도 몇 시간은 거뜬히 떠들 수 있던 사
람들,

어두운 일들이 뭉게구름처럼 나를 덮칠 때마다
그들은 나에게 말을 걸어왔다.
그 사람들은 알았을까.
덕분에 비를 맞아도 웃을 수 있었다는 것을,
같이 있던 시간에는 웃었다는 것을.
하지만 추억을 건드리던 순간이면 이미 서로가 흩어
진 후였다.

나는 보고 싶다는 그의 말에 답을 한다.
나도, 나도 그립다.
하지만 이제 우리가 할 얘기는 어디서 뭘 하는지, 또

좋은 사람은 있는지 별로 즐겁지 않은 얘기들.

자꾸 과거에 머물면 우리의 현재가 지루해져.
현재를 즐기지 못하고 앞으로의 행복을 지나칠지 몰라.

그때는 그때고
지금은 지금이니까.
너는 너의 하루를 살고
나는 나의 하루를 살다 보면
또 만날 수 있겠지.

투박한 시간이 즐거워지는 때가 다시 오겠지.

지나간 사랑은 지나간 대로

새로운 사람을 소개받던 날,
나는 아직 아닌 거 같아, 괜찮아 라고
나에게 속삭이고
나를 챙겨주려는 사람에게 속삭였다.

무슨 새로운 만남이냐고, 내 몸도 버거워서 제대로 살
아가지 못하는데.
아직도 깜깜한 터널을 걷고 있는 기분에 나를 걱정하
는 마음들을 자주 밀어냈다.

사람은 사람으로 잊는다.

나도 충분히 알고 있는 말이지만 또 받아야 할 상처
가 두려웠다.

긴 시간을 함께해도 변하는 게 사람,

모르는 게 사람이니까.

하지만 친구는 그런 내가 신경 쓰였는지 일단 만나보
라며 자꾸 밀어 넣었다.

나는 어색한 첫마디와 함께 일 주일, 이 주일, 한 달
을…….

그렇게 아파했으면서도 또 한 번 인연이라는 걸 믿어
보기로 했고 결국 나는 조금씩 몸을 일으켰다.

하지만 지나간 사랑에 새로운 사랑이 조심스러워졌다.

그때 상처 받은 눈빛, 속삭임, 행동.

지나간 사랑이 준 상처는 늘 새로운 사랑을 버겁게
하고

멀리, 천천히 돌아가야 도착하게끔 만들었다.

썼다 지웠다 하는 문장들이 많아진다.
말할까 말까 고민하는 말들이 많아진다.
괜히 집착처럼 느껴질까 봐.
무리한 말이 될까 봐.
부담되어버릴까 봐.

받은 상처가 자주 다시 보이고
당신이 어려워진다.

당신은 아무 말 하지 않지만
역시나 아닐까 하는 내 의심이
현재의 관계를 조여 온다.

지나간 사랑에서 받은 상처는
현재의 사랑까지 상처 준다.

있는 그대로를 보기 어려워지고
있는 그대로를 사랑하기가 문제를 푸는 것처럼 어려

워진다.

하지만 나는 안다.
지나간 사랑을 자꾸 들춰서 조심스러워지는 건
현재의 당신에게도 상처가 될 수 있다는걸.
있는 그대로 사랑하지 못 할 수도 있다는걸.

썩은 부위를 골라내듯 조심스럽다가
이내 지루해져 돌아설지도 모르겠다는 생각이 들었다.

그래서 나는 다짐한다.
지나간 사랑은 이미 지나간 것.
지금은 새로운 사랑이니까
현재의 사랑을 봐준다.

그게 오래가는 법이니까.
새로운 사랑이니까
오래가고 싶으니까.

지나간 사랑에 현재의 사랑이 흔들거릴 때도 있겠지만
마음에게 자꾸 눈치 줄 것이다.

사랑해보지 않은 것처럼 사랑할 것이라고.

그럴 수도 있지

내일은 뭐 할까, 무엇이 재밌을까 기대에 사무쳐 하루
를 보내고 있었다.

아마 약속을 앞둔 전날이었다.

입을 옷도 봐놓고 나름의 계획도 있었다.

바람이 선선했고 조금 더웠지만, 그 정도는 아무것도
아니라고 생각했다.

하지만 갑자기 핸드폰이 울린다.

"업무가 많아져서 못 갈 거 같아"

"지시사항이 있어서 다 해결하고 가면 늦을 거 같은데"
너희는 나에게 말한다.

그 말을 들은 나는 서운해지고 아쉬워진다.

한때 즐겁게 놀던 사람들.

힘듦을 공유했던 사람들. 나에겐 내 일부 같은 사람들
이었다.

"그럼 미뤄야 할까?"

"미뤄도 좋고 가능한 사람들끼리 만나도 좋아."

하지만 그 말을 듣고는 속 깊은 곳에서 아쉬움과 한
숨이 섞여 나왔다.

나만 기다렸던 건 아니었을까.

어쩌면 원래 만나지 않을 경우였던가.

나는 내 기대가 쓸모없어졌다는 것에 하루가 무거워
졌다.

하얗게 빨아놓은 신발이 눈에 들어오지 않았다.

뭘 입을까 고민할 필요도 없어졌다.

그럼 내일은 뭐 하지?

기다리던 시간은 남겨져 버렸고 어쩔 줄 몰라 하고
있었다.

그들은 나에게 미안할까? 궁금했지만, 묻지 않았다.
본인들은 오죽했을까.

그때 나는 괜찮다고 말했던가.
당장 오늘도 알 수 없는 게 삶이라고
잘 살고 싶어서 계획을 세우지만
또 계획대로 되지 않는 게 삶이니까.

그래, 그럴 수도 있지.
우리에게 필요한 말.
당장 사람 일은 모른다.
오늘도 내일도, 그다음 날도 무엇이 기다릴지 모른다.
모든 게 내 뜻, 우리의 뜻대로 흘러가지는 않는다.

단지 우리가 해야 할 건
그럴 수도 있지라는 여유를 마음에 잘 가지고 있기.

감정을 느끼며 살아가는 것은 당연한 일이지만 이미

일어난 일, 어쩔 수 없는 일에 오랫동안 분노하거나
우울해하거나 슬퍼해서는 좋을 게 없으니까.

우리는 다 용서하고 용서받고
미안해하고 베풀고
그렇게 살아간다.

마음에 안 드는 구석이 보여 헐뜯는 것보다는 그럴
수도 있지 라며 조금은 부드럽게 받아들이는 사람이
되고 싶어졌다.

너는 미움 받을 자격이 없다

나에게 등 돌린 그 모습이 마지막 모습일 거라고 생
각이나 해봤을까.
그렇게 갈 거 같았으면 웃어주지나 말지.
너를 이해할 수 없다.
너를 용서할 수 없다.
네가 밉다.

머릿속으로 온종일, 몇 날 며칠을 되뇐다.
나를 향한 너의 날 선 말들에 마음이 서늘했고 자국
이 남았다.

그리움에 잠을 깨서도
억지로 밥을 먹을 때도
젖은 얼굴로 일할 때도 나는 잊지 않고 되뇐다.
네가 정말 밉다고, 원망하면서 말이다.

얼마나 걸릴 아픔일까.
그렇게 흘린 슬픔이 얼마나 길었을까.
잘 흐르는 시간을 애써 외면하고 이별하기 전 시간에
머물렀다. 그러다가 생각했다.
그래, 네가 그럴 수도 있겠다.
이제는 체념한다.
어차피 겪어야 했을 일들이겠지.
눈물이 나오지 않는다.

나를 위로하는 타인들은 말한다.
걔는 슬퍼할 자격도 없어.
미움받을 자격도 없는 거야.
나를 위로하는 친구가 말한다.

감정이 싹트는 것도 자연스러운 거라면 감정이 시드는 것도 자연스러운 일이라고.
너는 최선을 다한 거라고.

사람 마음이 가장 어렵다.
등 돌린 사람에게 하는 말은 벽보고 하는 말이 되어버린다.

네가 나에게 보낸 말들을 처음부터 마지막까지 다시 읽어본다.
그곳에 미련은 없어 보였다.
널 미워하는 나의 답장만 있었다.

나는 너를 용서할 수 없고, 잊고 싶다고 생각하면서도 내 마음에 네 자리를 내어주고 나 혼자 끙끙 앓고 있었다.
미움받을 자격도 없다는 사람을 자꾸 내 마음에 가둬두고 있었다.

더 이상 아파하고 싶지 않았다.

자리를 내어주기 싫어졌다.

밉다면서 자리를 내어주는 건 나만 괴로운 일.

마음을 쏟아붓고 병들게 하는 일.

그만해야지, 내 마음도 소중하니까.

너는 미움 받을 자격도 없다.

그렇게 나는 다시 혼자가 되고 마음의 자리를 좁히고
있었다.

받는 상처가 클지라도

많이 좋아했구나?

사계절 가까이 시간을 보내던 연인과 헤어지고 슬퍼할 때 들은 말이다.

이별은 언제나 너무 갑작스럽다.

갑작스러운 만큼 아프기도 하고 며칠을 초라하고 볼품없이 보내게 만든다.

눈에는 여름 장마처럼 수시로 비가 내렸다.

운전을 하다가, 밥을 먹다가, 일을 하다가, 자기 전에, 자고 일어나서, 그렇게 하루를 온통 적셔버리고 나면 눈은 퉁퉁 부어버려서 자꾸 스스로를 외면하게 만들었다.

짧지만 따뜻한 봄을 보낸 것처럼 여운이 길었다.
며칠을 울며 해야 할 일을 하고 억지로 웃음을 만들었다.

그저 행복해지고 싶었을 뿐인데. 좋은 것만 보고, 좋은 것만 먹고, 좋은 감정을 쌓고 그러는 와중에도 서로가 보는 것은 너무 달랐던 걸까.
마지막엔 상처받을 만한 무수한 말들이 화면을 가득 채운 채 나를 반겨줬다.

'괜찮아, 난 괜찮아' 주문을 걸어봤지만 좀처럼 나아지지 않았다.
초점 없는 눈과 슬픈 말투, 울음을 머금은 입이 티를 낸다.
만나고 헤어지는 일이 한두 번도 아닌데 가슴은 왜 이렇게 아파올까. 오히려 괜찮아지려고 애쓰는 모습이 더 초라하게만 느껴졌다.
하루일과를 마치고 침대에 누웠을 때 한 가지 깨달은

게 있다면 몸이 무거웠던 것보다 마음이 무거웠던 게 맞을 거다.

친구는 나에게 전화해 말한다.
충분히 아파하고 괜찮아지라는 말이었다.
너는 나를 대단하게 바라본다.
온 힘을 다해서 사랑하는 게 쉬운 건 아니라면서.
본인은 항상 마음을 다 내어주지 못해 후회되는 일이 많다고 그랬던가.

그 말을 듣고는 또 울어버렸는데 그런 후회도 남지 않았던 나는, 그저 주어진 하루에 최선을 다해 사랑했다는 후련함 그거 하나 때문이었다.

누군가를 좋아하고 사랑하는 마음을 갖는 것은 그 자체로 굉장한 용기를 갖는 것인데, 요 며칠 사이 상처를 드러내고 이곳저곳 슬픔을 뿌리고 다닐 때마다 사람들은 나에게 자주 말했다.

너무 잘해주면 안 돼.

금세 질려서 떠나가니까 적당한 긴장감도 있어야 해.

사람을 만날 땐 마음을 다 줘서는 안 돼.

밀고 당기기만이 관계 유지의 답이야.

마치 내가 했던 사랑이 잘못된 것처럼 느껴지는 답변들.

그럴수록 '이번에도 나는 적당하지 못했구나' 하는

생각만이 머릿속을 무겁게 했을 뿐이다.

많은 게 부정당한 듯한 기분이 들었다.

생각해보면 만남에는 헤어짐이 분명하게 따라다닌다.

감정이 싹트는 순간에 잠시 헤어짐을 잊고 있을 뿐,

나 역시 그 점을 놓치고 있었던 건 아닐까.

헤어짐을 안고 인연을 만난다 한들 내 사랑의 방식은

언제나 이랬다.

있는 힘껏 사랑하는 것.

연인이든, 친구든, 가족이든.

이별이 찾아와도 못 해준 것에 대해서는 후회하지 말
자는 그 마음으로.
원 없이 잘해줬던 것은 관계의 소중함을 알았기 때문
이고
그만큼 상대방을 생각했기에 할 수 있는 일이니까.

우리는 무수히 많은 인연을 거쳐 간다.
하지만 인연은 반드시 헤어지는 이연(離緣)이기도 하다.
그러니 마음 가는 대로 사랑하는 거, 그게 가장 좋은
게 아닐까.

그 또한 바로 나를 위해서니까.
아쉬울 게 없는 사람으로.

받는 상처가 클지라도
못 해준 게 기억에 남아 후회하는 이별보단
실컷 사랑하고 후회가 덜한 이별이 나으니까.

좋아보였다

어느 순간부터 집 밖으로 몸을 내놓는 시간이 줄었다.
사람을 보는 순간이 줄었고, 해야 할 일들은 가끔 미뤄지고 늦은 시간에 눈을 뜨던 내가 있다.
의욕은 가끔 없어지고 하루를 일찍 닫기 위해 불을 일찍 꺼버렸다.

피곤하다는 말은 핑계가 되어버린다.
오래도록 커튼을 쳐놓고는 생각했다.
'다들 좋아 보인다, 무엇이 좋은 걸까'

하루가 끝나갈 때쯤이면 또 '나는 아무것도 아니구나' 끝없이 넘쳐나는 생각들은 나를 잡아먹고 내일을 먹어 치웠다.
해가 지면 언제나 이런 밤이었다.
잘 살아지지 않아서, 내일을 걱정하고 현재를 갉아먹었다.

그리고 나는 이불 속에 웅크리고 어느새 누군가의 삶을 부러워하고 있었다.
그때의 나를 일으켜 세운 건 친구의 연락이었는데
"새해인데 바다 좀 보러 가자" 그 말 한마디가 3시간이 걸리는 먼 거리를 움직이게 했다.

나는 시원한 풍경, 파란 바다, 보기만 해도 기운이 넘치는 양지를 기대했지만 도착했을 때 그런 낙원은 없었다.
웅크린 나처럼 뿌옇고 수평선을 뒤덮은 먼지만이 있었을 뿐.

그렇다고 기분이 상하지는 않았다.

어차피 내 뜻대로, 기대한 대로 된 적은 없으니까.

세상은 그런 거니까.

해변을 거닐던 우리는 경치가 잘 보이는 식당에 들어섰다.

밥을 허겁지겁 먹고는 배가 좀 부를 때였나.

이곳에 정착한 지 오래되지는 않았지만 1년에 한두 번은 꼭 바다를 온다고, 오늘은 날이 흐려서 아쉽다고 친구가 나에게 말한다.

그동안 누구와 왔었고, 어떤 일이 있었고, 오래 보지 못한 우리지만 금방 본 것처럼 편하게 나오는 애기들을 듣고 나는 너를 부러워했다.

나는 어느새 너의 삶이 좋아 보여서 흘깃흘깃 훔쳐보고 있었다.

네가 풀어나가는 삶이 마치 정답지인 것처럼.

나의 삶은 잘못된 것처럼.

삶이 꽉 막히고 어려운 이유는 정답도 없고 누군가
가르쳐주지도 않기 때문이지.
그런 삶에서 우리는 서로를 쉽게 부러워하고 좋아 보
인다고 트집 잡을지도 모른다.
서로의 인생을 살아본 것도 아니면서.

그렇게 낯선 행복보다는 익숙한 불행에 올라탄다.
그게 가장 쉬운 일이니까.
나는 힘드니까.
잘되지 않으니까.
보이는 것만 보고 안 보이는 건 보려고 하지 않으니까.

술을 한 병쯤 마셨을까.
너는 나의 삶이 좋아 보인다고 말한다.
나는 너의 삶이 좋아 보인다고 말하고
또 누군가의 삶이 부러워서 배가 아프다고 했다.

하지만 좋은 삶만 있을 리는 없지.

그저 눈에 들어오는 것들은 일부분이니까.

내가 너의 삶을 살고

네가 나의 삶을 살아본다면

또 좋아 보이는 누군가의 삶을 콕 집어서 살아본다면

그런 말은 나오지 않겠지.

아마 괜찮은 척했던 삶이었구나. 할지도 몰라.

힘든 삶이었구나. 말할지도 몰라.

보이는 게 전부는 아니라서.

PART3.

마음 챙김, 서툰 위로

마음에 근육은 없어서

자주 겪어봐야 마음이 튼튼해진다는 말들을 어디선
가 들었다. 나는 그 말이 싫었다.
반복되는 움직임으로 근육이 생기는 몸과 달리 마음
은 아니라고 생각했으니까.

그런 말을 듣는 날이면 상처받고, 이별하고 언제나 감
당하기 버거운 일을 겪은 날.
상처는 받으면 받을수록 새로운 상처에게 자리를 쉽
게 내주었고, 많이 만나고 많이 헤어진다고 다음 이별
이 무덤덤하지는 않았다.

오히려 새로운 만남은 너무 조심스러워져서 우는 갓
난아이를 보듯 어쩔 줄 몰랐다.
그렇게 매 순간 엇나갈 때마다
술을 덜 먹지는 않았고
사람을 덜 그리워하지는 않았다.

이 사람, 저 사람
이 사랑, 저 사랑
이 일, 저 일
다 각기 다른 사람이고 다른 사랑인데
매번 다른 순간이고, 새로운 일인데
이번은 이번이고 저번은 저번이니까.

매번 이별할 때면 지겨운 사랑 타령에 눈을 감지 못
했다.
하던 일과 이별할 때도, 누군가에게 어쩔 수 없이 등
돌려야 할 때도 이런 상황을 여러 번 겪는다고 무덤
덤해지고 상처를 덜 받지는 않았다.

잠을 뒤척이고 뜬눈으로 핸드폰을 바라보고
식욕은 없어도 움직이긴 해야 할 때, 안 먹어도 살 수
는 있구나 하는 생각이 든다.
천천히 흐르는 시간 속에서 억지로 웃음을 만든다.

늘 그래왔다.
아무리 노력해도 슬픈 건 슬픈 거다.

움직이면 근육이 늘어나는 몸과 달리 마음에는 그런
게 없었다.
오히려 자꾸자꾸 작아져서 마음에는 빈틈을 없애고
여유를 숨기고 우리를 구긴다.
괜찮다, 괜찮아진다 말해도 괜찮아지는 근육은 보이
지 않았다.

단단해지고 두꺼워진다면 얼마나 좋을까.
올곧은 커다란 나무처럼.
아니면 차라리 바짝 마른 우물 같다면 얼마나 좋을까

하는 생각도 해봤다.

흘러넘치는 감정보단 메말라서 느끼지 못했으면 좋겠다 싶을 때도 있는 법이다.

애써 괜찮은 척을 한다고 한들 그건 내가 나에게 하는 거짓말이 되어버리고 아닌 척, 괜찮은 척을 할수록 튼튼해지기는커녕 또 다른 곤경에 빠진다.

매번 상처받고 위로받아도 익숙해지지 않고
쉽게 넘어지고 또 일어서도 괜찮지 않다고.
괜찮은 줄 알았지만 괜찮지 않았다.

마음에는 근육이 없어서 괜찮아지지 않는다고.
반복된다고 마음 근육 같은 건 생기지 않는다.
아프면 아팠지, 덜 아파진 않았다.
매번 새로움 아픔이고 새롭게 감당해내야만 한다.
서로 다른 우리는 강해 보일 뿐, 각자 마음에 아픈 구멍 하나씩은 가지고 다닌다.

비슷한 사람

각자 아픔을 가지고 살아간다.

그리고 그 아픔을 닮은 사람

혹은 나보다 더 깊은 사람.

구태여 말하지 않아도 느껴지는 사람.

비슷한 주파수의 사람이 있다.

신기하지. 이렇게 맞는 사람도 있을 수 있구나.

하루는 너무 길었지만, 덕분에 엄청 지루하지도 않았다.

일하다가 중간중간 확인하는 메시지, 웃고 떠들고 다

양한 흐름의 이야기들.

이를테면 옛날얘기, 아팠던 순간, 공통적인 슬픔들.

그렇게 가끔 서로가 물었다.

나는 이런 아픔이 있어.

너는 그런 아픔이 있어?

결핍마저도 비슷하고 서로의 말에 너무 담담하다.

그는 내 아픔에, 나는 그의 아픔에 놀라지 않았지.

오히려 그 사실에 속으로 놀랐다.

공유된 감정은 손에 일어난 까시래기 같고 조금씩 신경 쓰이고 따갑다.

듣고 또 듣다가 화도 나고 슬퍼지는 이야기도 있었지만, 그는 차분했고 나는 마음이 서늘했다.

그건 아마, 당신의 아픔은 나의 아픔, 지나간 모습을 다시 보는 기분이었을까.

두꺼워진 방어막의 온도가 얼음장처럼 차갑지만, 또 그 속은 너무 따뜻해서 더 슬픈 사람.

나는 그의 아픔을 보다가 이내 내 상처도 보고 있던

거였지.

그래서 그렇게 심각했지.

당신이 문득문득 우는 것은 쌓아둔 슬픔이 있어서고,
어디론가 떠나고 싶었던 건 답답해서였고,
속으로 삼킨 말들이 많은 건 참고 말지라는 마음이 있
었기에 그랬겠지. 아픔이 많아서 당신의 상처에도 쉽
게 요동쳤고 그래서 눈물이 많다는 것도 그때 알았다.

나는 당신에게 손을 내밀고 당신은 나에게 손을 내밀
어 준다. 각자의 아픔은 서로의 아픔이 되었다가, 또
보기 싫어졌다가 이내 감싸 안기도 한다.

비슷한 사람들이 있다. 아파보아서 아픈 사람을 잘 알
아보고 그래서 아프지 않게 하려는 사람들.
그렇게 지내다 보면 어느샌가 조금은 가벼워질 거야.
또 비워지겠지.
지금 지나는 상처도.

사랑한다면

고등학교 때였나.
사랑에 얽매이고 가장 마음 아픈 해였다.
그때 당시에 새아빠가 돌아가시면서 눈시울은 자주
붉어졌고 괜스레 자책하던 내가 있었다.

서로의 등을 토닥여줄 기운도 없이 긴 하루 속에서
허우적거리며 나는 내가 어떤 사랑을 흘려보낸 건지
자꾸만 스스로에게 질문을 던졌다.

어떤 사랑이었을까?

추운 계절 속에서 생각만 해도 마음에 온기가 느껴질
만한 사랑.
삶은 괜찮다는 기쁨을 주고
웃음이 만연한 즐거움을 주고
서로의 이익을 위하는 것.
열정으로 시작해 헌신으로 이루어지는 것,
아마 이 정도였을 거다.
하지만 언제나 그랬듯 잃고 나서야 얻은 깨달음이었다.

땅을 치며 후회 해봐도
추억이 있던 장소를 가도
술을 잔뜩 마셔보아도
지나간 시간이 다시 돌아오지는 않는다.

그때 나는 내 삶에만 코를 박고 지내서 가족들의 삶
은 보지 않았고 서로가 서로에게 너무 삭막했고
가슴을 오래도록 할퀼만한 말들을 자주 뱉어냈다.

살다 보니 어떻게 이런 날이 생기나 싶었다.
어차피 나중에 겪어야 할 일 중 하나지만
너무 빨리 찾아왔고 잘못된 방법으로 맞이했다.
원하던 소포를 받지 못한 것처럼 기분이 좋지 않았다.

이제 나에게 남겨진 건 짊어질 슬픔과
제자리가 없는 남겨진 사랑.
추운 겨울이 지나면 봄이 온다고 그랬던가.
덩그러니 서 있던 그 계절 속에서
시린 시간이 빨리 지나길 바라고 봄이 오기만을 기다
리고 있었다.
그리고 그 겨울의 끝자락에서 끝나는 사랑을 느꼈다.

사랑은 갑자기 왔다가 언제든 끝날 수 있는 것.

당장 얼굴 보며 웃고 있어도 내일은 모르지.
이렇게나 아프다면 그래도 사랑을 해보긴 한 거구나
생각했다.

나는 마음에 새긴다.

사랑을 한다면 필요한 것.

양보하고

돌아보고

더 많이 대화하고

시간 내어 얼굴을 봐주고

좋은 기억을 심어야 할지 모르겠다는 생각.

양쪽 모두에게 남는 건

못 해준 것과 좋은 기억과

끝내 삼켜버린 말들이 기억날 테니.

그리고 마음에 묻을 테니 말이다.

때로는 몰라서 좋은 것도 있지

그날은 유난히 구름 없던 날이었기에
하늘을 자주 올려다보았다.
오늘은 뭐든지 좋을 거라고 생각했다.

그 시기 우리에겐 첫 인연인 새아빠가 있었고,
서울을 향하던 날이었다.
설렘과 긴장이 교차하던 하루였다.

할머니를 만나기 위해 향하던 길에서
무슨 일이 생길지 모른 체 하늘만 보며 연신 감탄을

했다.

할머니의 얼굴을 처음 봤을 때, 화장은 조금 짙었고
머리는 구불구불한 파마머리, 목소리는 카랑카랑한
것보다는 조금 아래였다. 눈은 작고 쳐졌다.
집은 조용했고 강아지 한 마리가 반기는 걸 보고 혼
자 사신다는 걸 직감했다.

그때의 나는 평소보다 또박또박 말했으며
더 부지런히 움직였다.
눈치를 보고 혼자 조금 뻣뻣했다.
선생님에게 숙제 검사를 받는 아이처럼.

그런 부자유스러운 하루의 끝에
다시 집에 갈 준비를 한다.
"너희는 먼저 차에 가 있을래?"
동생과 나는 차로 향했고 몇 분 뒤에 인상이 구겨진
아빠와 서럽게 울며 내려오는 엄마가 보였다.

무엇인지 알아야만 직성이 풀리던 나였지만 동생의
손을 잡고 입을 굳게 다물었다.

천천히 기억 저편으로
방 한구석 열지 않는 장롱 서랍처럼
그렇게 기억 한 켠에 넣어놓곤 건들지 않았다.

그날 엄마의 눈물에는 무엇이 있었나.
아빠는 무엇을 알고 있었나.
그 모습들은 기억에 박혀 도저히 지워지지 않는 문신
이 되고 나는 지금이 되어 다시금 물어본다.
그때 왜 그렇게 울었냐고.

"살림을 차릴 거면 너희를 버리고 오라잖냐, 그 집안
이 뭔데, 눈에 넣어도 안 아픈 내 자식들인데"
"그때 아빠는? 엄마 편을 들어줬어?"
"조금"

아, 순간 나는 멈칫한다.

엄마의 표정은 아무렇지 않았지만 목소리에선 상처를 많이 받았다고 티를 낸다.

분위기는 너무 고요해졌고 이제 나는 알았다.

그저 궁금했던 것이 누군가에겐 깊은 상처투성이였다는 걸.

삶을 살아가면서도 매 순간 그냥 지나간 것들이 있다.

"몰라도 돼"라는 말은 궁금증을 자극하고 기어코 풀어내야만 직성이 풀리게끔 하는 말들.

하지만 부끄러움과 처량함, 굳이 알리고 싶지 않은 마음을 대변하는 말이었다는 걸.

아, 몰라서 괜찮은 것도 있구나.

몰라야 괜찮은 것도 있구나.

그냥 지나갔어야 했을까.

몰라도 됐을까.

그때 알았다면 더 깊게 박힐 상처였을지도 모르지.

여전히 모른 채 지나가는 일이 많이 필요하겠지.

살아가면서도 모른 채 지나가서 다행이었던 순간이

존재하겠지.

굳이 묻지 말아야지.

후련하고 서로가 상처받을 바엔 모른 채로 살아가련다.

아무도 찾지 않는 도서관 구석의 책처럼.

그럼 그 책은 망가지지도 않고 더럽혀지지도 않을 테니.

때로는 그렇게 몰라야 괜찮은 것도 있다.

끝내 전하지 못한 말

새아빠의 일은 고됐다.

집으로 돌아오면 찡그려지는 발 냄새와 몸 군데군데
에는 상처가 있었다.

상가 인테리어 직종이라지만 차에는 정감이 가지 않
는 은색 철 조각들이 실려 있었고 사다리차를 타고
높은 곳에서 작업하기도 했으며 끼니를 해결하는 것
도 어려웠다.

그럼에도 아빠는 일을 가지 않는 날이면
가만히 있지 않았다.

그의 손은 핸들과 우리의 머리를 번갈아 가며 쓰다듬고
가족들과의 시간을 중요시했다.

내가 뭐든 해봤으면 좋겠다고 했다.
초등학교 5학년쯤에 자전거를 먼저 배워보기로 했다.
평생 자전거 같은 건 다시 타지 못할 줄 알았는데.
더 어릴 적 자전거를 꺼내달라는 부탁을 친아빠는 들
어주지 않았고 내 힘으로 꺼내야 했을 때, 그렇게 계
단에서 굴러떨어졌을 때부터 자전거는 쳐다보지도
않았다.

오랜만에 올라탄 자전거는
어려운 중심 잡기에 자꾸 넘어졌다.
쓰러지고 핸들은 제멋대로 돌아가고
의자를 잡아주던 아빠의 손은 거칠었고
넘어진 나보다 더 많이 까졌다.
해가 저물 시간, 힘껏 구른 페달로 혼자 달리기 시작
했고

아빠는 여전히 뒤에서 환하게 웃고 있었다.

그 시절을 지나고 나는 많이 못났었다.
늘 내가 우선이었고
내 삶만 있었다.
사춘기가 대수인 것처럼
방에 갇혀 아무것도 보지 않았다.

"다음 주 시험이야."
"알아서 할게"
"아 좀 그냥 둬요"
"성적이 뭐, 난 노력했어."

방문을 세게 닫고 들어간다.
다음 날 아빠는 화내서 미안하다며 잘해보는 방법을
찾아보자고 했다.

차 문을 세게 닫고 정문을 향해 털래털래 걸어갔다.

어느 순간 나의 짜증은 온통 가족을 향해 돌아갔다.
그들의 관심과 애정이 무색하게
상처받을 만한 말만 골라서 신나게 뱉어냈다.

그리고 깨달음은 항상 늦게 온다.
자전거를 타고 페달을 밟아 혼자 나아갔을 때
누구보다 기뻐하며 할 수 있다. 해줬고
고작 종이 쪼가리 성적에 좌절할 때도
그 누구보다 아파하고 응원해줬다는걸.

내가 가시 돋친 말을 뱉어내도
아빠는 해주지 못한 것들을 생각하고
잘해보고 싶은 마음이 더 많았을 거다.

가끔 푹신한 이불에 누워 잠을 청하려 하면 문득 생
각나는 장면들이었다.
그리고 그 장면 속에서 나는 입을 굳게 다물었고,
전하지 못한 말들이 수두룩했다.

얼마나 미안한지, 고마운지 얘기해야 했다.
하지만 이제 와서 전할 수가 없다,
더 이상 존재하지 않는 사람이니까.

고맙다는 말
고생 많았다는 말
사랑한다는 말
살아서도 전하지 못한 말은 끝내 허공에 맴돌고 메아
리만 칠뿐.
나만 알고 있는 말이 될 뿐.

한 치 앞을 모르는 우리가
당장 오늘 일도 모르는 우리가
좋은 말을 아낄 필요는 없을지 모른다.

되고 싶은 사람

얼마 만이야? 잘 지냈어?

그냥 지내지 뭐.

늦은 저녁, 오랜만에 만난 친구와 나눈 첫 문장들이었다.
친구도 서울에서 요리를 하고 꿈이 있었지만, 어느 순
간 그 길이 버거워지며 점차 내려놓고 있었다. 그러다
가 무슨 할 말이 있던 것처럼 나를 보다가 입을 열었다.

"나도 요리 그만하려고,
힘들기도 힘든데 돈도 그다지……."

"아, 그래, 그럴 수 있지. 내려놓는 것도 힘든 일이지. 서울 자취방은 다 정리된 거야?"

"거의, 방세도 너무 비싸고 본가랑 가까운 데서 일하려고. 애들도 거기 근무하고"

이어 친구는 술잔을 금방 비우고는 잘 살고 싶은데 쉽지 않다고 말했던가.
이따금 내가 했던 후회들, 그냥 다른 사람들처럼 직장을 다니고, 하고 싶은 거 한다고 유난 떨지 말 걸 하는 그런 후회들을 한다. 우리는 자신의 상황을 인정할 때 가장 슬퍼지기도 한다.

힘들어도 지나면 괜찮다. 해보고 싶은 건 해봐야 한다.
청춘은 원래 가난하다. 이렇다 할 여러 위로를 꺼내놓을 수도 있었지만 누가 누굴 위할 처지도 아니었다.
당장 어둡고 컴컴한 길을 걷는 사람들끼리 그런 말을 한들 무슨 위로가 될까.

지나고 보면 괜찮아지고 분명 좋은 날이 기다린다고, 아무것도 아니라는 말, 추억이라는 말, 그런 안일한 위로들은 힘든 시간을 지난 사람이기에 할 수 있는 말이다. 당장 힘든 사람에게는 그저 희망 고문일 뿐이다.

행복은 멀리 있지 않다는 것, 돈은 중요하지 않다는 것, 나도 그렇게 생각하던 때가 있었지만 성공한 그들이 그런 말을 할 때마다 마음 한구석 공허함을 떨쳐내진 못했다.

우리도 가진 게 많았으면 그런 말쯤 쉽게 할 수 있었겠지?
집이며, 노후며, 당장 몇 년 뒤 모습도 덜 걱정하고
아등바등, 격하게 신경질 내며 지낼 필요도 없을 거야.
누구에게나 너그러울지 몰라.
친구와 얘기한다.

맞아, 그럴지도 모르지, 하지만 사람 일은 모르는 거니까.

그저 어떤 길이든 묵묵히, 사뿐히 지르밟고 갈 수 있는 단단한 사람이 되고 싶을 뿐이라고.
그럼 가진 게 많지 않아도 꽤나 괜찮은 삶이라고 말할 수 있을 테지.

남 탓 좀 하면 어때서

엄마라는 당신은
누구에게나 살가운 인사를 건네는 그런 사람이고
나는 그렇지 못해 조금은 무뚝뚝하고 빳빳한 사람.

또 불친절한 사람에게도 부드럽고 똑 부러지는 반면에
나는 죽자고 덤비는 날카로운 사람.

또 남 탓보다는 항상 내 탓이오 하며
편안해하고 너그러워지려는 사람.

나는 본질을 따지며 남 탓도 빼놓지 않는 그런 사람.

어느 날 그런 우리가 한 식탁에서 밥을 먹을 때였다.
한참 엄마의 직장 문제로 얘기가 많았다.

"왜 이렇게 나를 못 괴롭혀서 안달일까"
"왜요? 누가 뭐라 해?"

"회사, 와 달라 그래서 갔더니 다른 직원들이 시샘하고 또 전에 있던 곳에선 아쉬우니까 다시 찾고"

"너무 열심히 했나 보네, 있을 땐 그냥저냥 하더니 없으니까 아쉬워서 찾고 왜 그런 사람들뿐이야."

"주변에 그런 사람들만 있는 게 아니고 내가 그런 곳만 간 거지, 뭐"

"그러지 좀 말라니까, 항상 내 탓이오 하면 마음이 그렇게 편해? 엄마가 못난 게 아닌데 왜 그래"

"알아, 내가 못나지 않은 걸 알아서 그러는 거야"

저 말을 듣고 나는 오래도록 밥을 씹었다.
무슨 말을 해야 할까.
엄마의 속을 헤아리는 건 이것만큼이나 오래 곱씹어
야 했다.

못나지 않은 걸 알기에 그런 거라니.

나에게도 오래전 이런 일이 있었다.
학교를 마치고 학원으로 가는 길
유난히 비가 많이 왔고 횡단보도에서 신호를 기다리
던 중이었다.
빠른 속도의 차 한 대가 지나가기 전까지만 해도 나
름 뽀송했는데.
눈을 감았다 뜨니 온몸은 구정물 흙투성이였다.
사람들은 말했지.
왜 거기 있었어. 잘 피하지. 조심하지.

나는 내 자리에서 조심했을 뿐이었다.
아무도 들어주지 않았다.

꼭 그런 일이 생긴다.
혼자 억울해하고 말지 뭐, 내 탓이지 싶은 상황들이.

애쓰고 있는 엄마의 모습이 보인다.
자신은 굳건해도 주변의 온갖 것들이 나를 가만두지
않을 때.
그냥 억울해하고 말아야겠다는 모습.

안되면 내 탓
잘되면 남 탓을 하라는데
그러기엔 너무 지쳤을지 모른다.

점점 작아지는 모습에
난 내 탓이 싫어졌다.

마음 편해지는 남 탓과는 다르게
내 탓은 나를 쪼그라들게 해서
나는 그게 싫었다.

그러니 가끔은 남 탓도 하자고.
내 탓만 하기에는
스스로에게 너무 미안하기만 하다.

아니면 네 탓이 아니야 라는 말을 기다렸던 걸까.

우리의 환경과 상황은 자주 오르고 내리는걸.
신이 아니기에 어찌 될지 모르는 것도 있는걸.
다 내 탓이라 하기에는 가혹하지.

자신의 탓이 아니고
당신의 탓이 아니라고,

노력, 아무렴 어때

엄마는 간혹 나에게 이런 말을 해주셨다.

"세상은 네가 노력한 것의 반만 돌려주거나 아예 돌려주지 않을 때도 있어"

"마음처럼 되지 않는다는 말이란다."

그 말을 듣고 난 후에

처음에는 흘려보냈고

두 번째는 건성인 대답을 했고

세 번째는 "그렇구나" 하고 고개를 끄덕였다.

노력이라는 건

마치 나와 내 주변을 더 나아지게 하기 위해 다듬는 일이었지만 꼭 어쩔 수 없는 일, 설명할 수 없는 일들이 노력 앞에 서 있기 마련이었다.

저런 말을 듣는 날은 어김없이 실망이라는 것을 겪어본 날.

더 열심히 해야 한다는 마음을 꼭 붙잡은 날.

왜 하필 이때? 라며 마음을 두드리던 날.

예상한 것과 다른 것을 받게 되었을 때 저 말을 이해할 수 있었다.

자음과 모음은 분명하지만 설명되지 않는 상황과 흐트러진 마음들.

차라리 열심히 해서 후회라도 만들지 말라는 뜻을 진작 알았다면 좀 괜찮았을까.

우리가 생각하는 것만큼 세상은 내 편이 아니다.

세상은 좋아졌지만 좋아진 세상이 나에게 맞춰주진
않는다.
이토록 당연한 사실에 새삼 놀라고, 노력하지만
의심이 늘어지는 하루는 떼어낼 수 없는 거구나 생각
한다.

나에겐 좋은 것들이 얼마나 남아 있을까.
최악의 순간들이 더 남아있을까.
작은 방구석에 앉아 또 기다리겠지.
주변을 두리번거리는 미어캣처럼
잔뜩 긴장한 채로.

사람들은 말한다.
노력해야 한다고
안되면 네가 부족한 거라고.

하지만 꼭 그렇지만은 않다는걸.
내 의지와는 상관없이 벌어지는 일은 너무나 많은걸.

힘든 순간의 노력은 언젠가 보상받을 거라는 마음을
끌고 오지만 그 보상은 온전치 못할 수도 있다고.
희망 고문이 될 수 있다고.

생각을 멈춘다.
그러면 너무 애쓰진 말아야지 생각한다.
세상에는 노력해서 안 되는 것도 있고
내가 어찌할 수 없는 것도 있으니까.

때로는 노력한 것의 반만큼이라도 못 받으니까.
그게 무엇이든.

그러니까 '아무렴 어때'라는 마음.
어쩔 수 없는 문제니까.
일, 관계, 사람, 사랑

가끔은 궁금해진다.
쏟아진 노력들은 어디로 갔을까.

나이가 들어간다는 건

엄마가 거울을 부쩍 자주 들여다본다.

마치 시든 화분을 한참 바라보는 것처럼 자신을 그렇게 본다.

그간 자신을 챙기지 못한 것을 슬퍼하는 것처럼

어떤 삶을 살아왔나 새삼 돌아보는 것처럼 쳐다본다.

"엄마도 이제 늙은 거 같지?

주름도 있고 흰머리도 자주 보이고. 손도 탱탱하지가 않아"

엄마의 저 말은 우울 같기도 했으며 애써 위로받고
싶은 마음이었을까.
그 말을 들은 나는 핸드폰을 잠시 내려놓았다.

"사람은 늙어가고 죽어가는 게 자연스럽고 당연한 거
라고. 그런 과정들도 축복이라고는 하는데, 그렇게 신
경 쓸 정도는 아니야. 엄마는 여전히 동안이고 예뻐"

"그래? 그렇지, 우리 집안이 다 동안이긴 해"

나이를 먹는 것, 그것은 삶에 희망이 차 있는 사람이
나 우호적이지 않을까.
나이를 먹는 것이 기다려지는 사람은 어리거나 그렇
지 않더라도 삶의 가능성이 많은 사람이겠지. 그런 생
각을 잠시 했다.

나는 시간이 흐르지 않길 원했다.
결국 이별해야 한다는 사실은 너무나 아픈 일이니까.

내가 사라진다는 사실과 사랑하는 것들을 두고 가야
한다는 게 무서우니까.

시간이 지날수록 나이를 먹어간다.
점점 바뀌어가는 자신의 모습이 가끔은 낯설게 느껴
졌다.
받아들이는 것 또한 쉬운 일이 아니지.
시간을 먹어가는 것들은 쓸쓸하게 느껴졌다.

연세가 90이 다 되신 할아버지도 가끔 말씀하셨다.
나이가 들어가며 어차피 죽을 날만 기다린다고.
그 정도로 건조하고 무뚝뚝하신 분이었지만
이제 와 전보다 웃기도 했고
오히려 활기가 느껴지기도 했다.
그리고 다시 집으로 돌아가야 하는 순간이 오면 아쉬
운 표정으로 티를 내셨다.

거울을 보고 걱정하는 엄마, 무뚝뚝하고 화가 많던 할

아버지가 이젠 눈물을 흘리고 자주 웃는다.

나이가 들어간다는 것은 뭘까.
이렇게 가끔은 혼자 심각하다.

저 사람의 생은 어떨까.
나의 생은 어떨까.

"여러분 나이가 들어간다는 건 아름다운 겁니다!"라
고 누군가는 말하지만, 사랑하는 것들과 점점 멀어지
는 준비를 하는 슬픈 일인지 모르겠다.
사랑하는 것들을 점차 놓고 혼자만의 여행을 준비하
는 것.
나는 그렇게 생각한다.

지나온 것을 아쉬워하고
소중한 걸 잃어버린 것처럼 불안해했다가
보지 못했던 것들이 눈에 보이기 시작하고

가지고 있는 것을 하나씩 흘려보낸다.

고요하면서도
유연성을 잃어가고
흐릿한 전등처럼 있다가도
가끔 반짝이고
문득 기억할 날들이 많아지는 거.
몰랐던 걸 알게 되는 거.

그렇게 무언가를 두고 온 것처럼 자꾸 뒤돌아보게 되
는 게 아닐까.

나의 나이 듦은 어떨까.
우리는 무엇을 아끼며 어떻게 살아갈까.

나를 웃게 하는 것들

미간에 힘을 잔뜩 준다.
주름이 잡히고
한숨에 몸이 들썩거리는 나는
해가 드는 자리로 몸을 옮긴다.

나는 멈춰버린 시간에
서 있는 것처럼 가만히 서 있다.
초점 없는 눈만 깜빡이지.
계절은 바뀌고
시간은 흐르는데

나는 여전히 그대로인 것 같다고.

근래 언제 웃었던가.
기분이 좋았던 적은 있었나 생각했다.
비루해진 마음을 들쑤실수록 온몸은 늘어졌다.

웃는 일이 적어졌다.
푸석해진 하루가 있다.
힘에 부치는 날들.
갑자기 혼자인 게 버거워졌다. 하지만 울컥할 힘도 없다.

그래서 옷을 입었고
밖의 날씨를 확인했다.
거울에 비친 모습은 그날따라 추레했고
갈 곳은 없었다.

낮에도 방은 어둡고 자는 시간이 늘었다.
좋은 일, 나를 웃게 하는 일은 무엇이었나.

한 발짝, 두 발짝 걸음을 옮기다가 지나가던 모자의
대화를 들었다.

"오늘은 날씨가 맑아서 행복해요"

나는 중얼거렸다.
"다 각자의 세상을 사는구나."
그리고 잠시 잊고 있었다.
생에 어느 겨울을 지날 때 나에게 봄을 가져다준 것
들은
소소한 것들이라는 걸.

내리쬐는 햇빛과
세상의 소음을 막아준 좋은 노래들,
기분 좋게 읽었던 문장들,
나를 불러내서 밥 한 끼 같이 먹던 친구나
늘 곁에 있던 가족들.

그 말은 신호탄이 되었고
나는 잃어버린 걸 찾은 것처럼 기분이 좋아져서는
가까이에 있는 것들을 금세 마음에 담기 시작했다.

내가 사랑하고 좋아하는 것들이
나를 웃게 했고

무언가를 좋아하고 사랑하는 마음은
어쩌면 자신을 살아가게 하는 것과도 같지.

나를 조금씩 웃게 하는 것들을
자주 봐줘야 했다.
세상은 사랑하는 것들을 잊고 지내기 쉬우니까.

설령 남들이 그게 무슨 가치가 있냐 말해도
내가 좋다면 좋은 거다.
그것만으로도 가치가 있다.

나를 웃게 하는 것들은

내가 좋아하거나 사랑하는 것들.

그리고 나를 살아가게 한다.

그런 것들이 점점 많아진다면 얼마나 좋을까.

갚아줄 마음이 있다

이른 시간에 눈이 떠졌다.

창밖은 여름이 한창이었고 평소같이 잠을 깨우는 것
들은 시끄러운 알람소리가 드르륵 거리며 블라인드
를 걷어 올리는 소리였지만 그날은 나지막한 엄마의
목소리와 미역국 냄새가 나를 깨웠다.

일어나자마자 핸드폰을 확인했다.

나는 무엇을 기다리고 있는 걸까.

언제부터인가 생일이라는 날은

케이크 없이 보내고
그다지 특별하지 않은
기다려지지 않는 날이 되었다.

어릴 적 친구들과 옹기종기 모여 사진을 찍고
맛있는 음식을 먹던 나는 더 이상 없었다.

현실에는 그저 피곤함과 쌓여가는 나이만 보고
마음 졸이는 나만 있었을 뿐이었다.

없으면 없는 채로 그저 그런 날로.

나도 누군가를 격렬하게 축하한다거나
깜짝 놀랄만한 선물을 줘본 지도 꽤 오랜 일이니까.

기대하지 않은 건 맞지만 하루가 가는 게 점점 아쉬
워졌다.
생일에는 늘 비가 왔는데 이번에도 역시나 였다.

특별하지 않은 내가 특별해지길 바라고 잔뜩 기대를
해서 어느새 부푼 마음을 안고 있다.
'오늘은 내가 태어난 날이야.'
축복받고 싶은 인간 본연의 마음이 솟아나지만
이제는 그걸 억누르고 내일을 바라본다.

얌전히 웅크려서 마음 쓰지 말자.
그러다 눈을 감고 눈을 뜨면 다음 날일 거야.

감성은 현실에 반납하고
풀려버린 흥분과 긴장.

생일은 늘 기쁜 날일 줄 알았다.
다 웃으며 보낼 줄 알았다.
하지만 이제는 웃는 날보다 표정 없는 날이 많았고
괜찮은 척하기 위한 표정이 많았다.

그렇게 한참을 있다가 침대에 누워 졸음이 몰려올 때쯤

핸드폰은 진동을 울리며 나와 멀어졌다.
반가운 이름들이 보인다.

"잘 지내?"
"맛있는 거 먹었냐"
"축하가 늦었다, 일하느라"
"잘 지내는 것 같아 다행이네"
"케이크도 사, 초도 꼭 불어, 낭만이 없노"

내가 가진 게 많지 않을 때
여유롭지 않을 때
속은 텅 비어버려
겉만 멀쩡해 보일 때
그들은 내가 간신히 붙잡고 있던 날들을 매듭지었다.

어차피 삶은 혼자라고
혼자가 편하다고 말하지만
결국 마음 닿는 순간들이 생기기 마련이지.

갚아줄 마음이 있다는 건

그만큼 누군가가 나에게 신경 써줬다는 것.

덕분에 감사히 살아지기도 하고

간신히 살아내기도 한다는 것.

누군가의 하루를 더 나아가게 해주는 그런 마음이 있다

는 것.

어쩌다 연락 한 번 하는 우리가.

남 보기에는 썩 가까워 보이지 않을 우리가.

사는 것이 바쁘다는 핑계로 미뤄질 약속을 하는 우리가.

생각보다 서로에게 무거운 존재라는 것이 나는 고맙고

미안해졌다.

오래 보는 바다

작년 겨울 즈음, 오랜만에 찾은 바다였다.
두 다리가 있으면 어디든 갈 수 있다 말하지만
사실 그것도 쉬운 일은 아니었다.

빽빽한 사람들과 내리쬐는 햇빛에 정신을 뺏겨
틀에 박힌 일정이 기억나지 않았다.

나는 당장이라도 바다를 보기 위해 걸음을 서둘렀다.
철썩이는 파도 소리와 시선을 끄는 셔터 소리.
누군가는 미래를 약속하고
누군가는 오늘을 위로받고
다양한 사람들이 모이는 그런 모래사장 위에 서 있었다.

겨울 바다의 바람은 잔잔했지만 차갑고 따가웠다.
눈에 다 담지 못할 바다와 운치 있는 등대는
'외로우면서 충만한 느낌'과 많이 닮아 있었다.

나는 그때 오래도록 바다를 바라보았다.
등에 멘 가방에 어깨는 짓눌리고
모래 속으로 점점 꺼지는 발도 모른 체.
어깨너머로 해가 지는 것도 모른 체.
어느새 모두 걸음을 재촉하는 시간이 되었는데 말이지.

쉼 없이 일렁이고 반짝이는 파도는
발 앞에 모래를 끌고 갔다가
또 모래를 놓고 갔다.

우리 마음에도 이처럼 홀연히 불쑥 찾아오는 소중한
것들이 있고 그것들은 한 구석을 쓸어가기도 하며
너무 쓸어가서 모서리를 만들기도 한다는 걸
일렁이는 파도를 보고 한가하게 생각하고 있었다.

그 시절, 나는 그것에서 위안을 얻었던 걸까.

내가 어떻든 파도는 한결같아서
그리 오래 보았는지 모른다.

그때의 나는 그랬다.
마음을 편히 둘 수 있는 곳이 없어서, 누구나 그런 때
가 있다.

소중한 것을 자주 잃어버리고
전전긍긍 살다가 어느 순간 몰려오는 회의감,
그런 감정이 들면 얼마쯤 그렇게 멍하게 된다.

그해 겨울은 유난히 쓸쓸했고 지나온 내가 보였다.
가만히 서 있는 내가 보였다.
그때의 나 역시, 아마도 지금 같은 감정이었겠지.
그 이후로도 바다를 몇 번이고 찾아가고 싶었지만 그
러지 못했다.

바다 앞에 서면 스쳐 지나가는 것들이 선명해서 자꾸
초라해지니까.

다시 찍혀있는 발자국을 보고 걷는다.
늘 한결같다는 역설을 가지고 있는 바다가 얼마나 고
마웠던지 책상 앞에서 기억한다.
조건 없이 받아주고 마음을 허물어주는걸.

아마 바다를 보고 싶거나
오래 보는 사람은

그리운 게 많은 사람
떠나보내고 싶은 게 많은 사람
위로받고 싶은 사람

마음에 감정이 자주 일렁이던 사람일지 모르겠다.

가지 못한 길

"이번 주 주말부터 장마가 예상됩니다."

문득 카페 안에 앉아 있다가 떠오른 일기예보였다.
가는 날이 장날이라고 하필 친구들을 만나는 날이었
는데
밖을 보니 저마다 우산들이 바삐 흔들거렸기 때문일까.

비는 너무 줄기차게 내렸고
마음에는 즐거움보다 근심이 쉽게 자리를 차지했다.

눈에 보이는 낯선 사람들은 점심을 먹어서인지,
밖에 나와서인지 표정이 좋아 보였다.

한껏 우울을 머금은 우리와는 분위기가 달랐다.
내리는 비에는 시원함과 적적함이 섞여서
회전목마처럼 분위기가 오르내렸다.

가끔씩 만나는 우리는 늘 헤매는 중이었다.
친구들은 다들 각자 하던 일을 그만두고 다른 일을
찾을 거라고 했다.
한 명은 국토대장정을 하고
한 명은 잠시 숨을 돌리고 싶다고 말한다.

그렇게 우리는 현재 서 있는 길이나
미래에 대한 걱정을 주로 했다.
웃었다가 짜증 냈다가 원망도 했다가
가끔은 심각하고 가끔은 텅 비어버린
머릿속을 내보였다.

언제나 결론은 나지 않고 그냥 그런 얘기로 끝을 맺
는다.
결국 돌아오는 건 그저 그런 일상 얘기와 각자 겪은
이상한 일들,
곤란하게 만드는 이해할 수 없는 일들에 공감하고 찌
푸리는 거지.

현재를 오늘로 채우는 게 아니라
미래와 과거로 채우고 있었다.

하지만 미래는 가지 않은 길, 곧 가야만 하는 길인데
그 얘기는 별로 좋아하지 않았다.
거기에는 다소 복잡한 감정들이 숨어있으니까.

그런데 그날, 우리가 가지 못한 길을 누군가 갔다는
걸 얘기했다.
"그 친구……. 장사하려고 개업했다고 하더라"
마음에는 무언가 반짝였다.

거기엔 아쉬움과 답답함, 걱정, 기대가 있다.

우리가 그 길을 갔더라면 어땠을까?
가지 못한 길을 말을 할 때마다
어쩌면 우리는, 우리의 현재가 싫어지고 작아진다.

지금보다는 나았을까
돈은 잘 벌었을까
어떤 좋은 일이 있었을까
자꾸 되묻고 애써 없는 답을 찾는다.

그럴 때마다 나는
하지 못한 것과 가족들에게 해주지 못한 것들도 마음
에 걸려서 깊게 가라앉았다.

인생은 도전이라고 했던가.
가끔은 모 아니면 도를 바라본다.
하지만 가진 게 넉넉지 않은 사람에게 그조차도 쉽지

않은 일이다.
모르는 일들이다.

친구는 말한다.
우리가 가지 않은 그 길에는 좋은 일들이 많이 있었
을 거라고.

나는 그 말을 뒤로 하고 내가 가지 못한 길을 슬며시
덮는다. 언젠가 실수로라도 열지 못하게, 보이지 않게
잘 덮는다.

나는 다른 길을 선택했을 뿐이다.
그것뿐이다.
위로되지 않는 말로 위로한다,
다 잘 될 거야. 오늘보다는 나을 거야.

나에게 집중하기

미루고 미뤄지다 만난 너는 여전히 좋은 모습이었다,
처절한 것보다도 치열하게 살고 있었고 얼굴에는 근
심도 있었지만, 여유가 보였다.
서로의 안부를 묻고 누가 어떻게 사는지 얘길 나눈다.
나는 내 삶을 슬쩍 훑어본다.
비교된다.
나는 처절하게 살고 있는 기분, 나보다 더 치열한 타
인들
나는 나에게 관대했던 걸까,
저들처럼 살지 않는 내가 보잘것없어진다.

생각이 끝나기 무섭게 친구는 말한다.

세상에 낭만이 없어,
여름에 수박 한 조각에 선풍기를 틀어놔도 행복한 사
람이 있었는데, 요즘은 화려한 곳에 가서 화려한 사진
을 올리잖아, 뭐가 되었든 다 그런 거 같아, 비교되고
기준이 너무 높아졌어.

보여주는 행복이 많아졌고
비교하는 행복이 많아졌다.
만족하며 사는 게 힘들어진다.

너는 뭐라고 했던가.
다 다른 사람이니까, 잘못된 것도 아니고 틀린 것도
아닌데 그저 가면만 많아지는 기분이라고.

사람들이 드나드는 문을 바라보다가 얼음이 잘그락
거리는 음료를 바라봤다가 세상엔 즐길 게 얼마나 많

은지 나에게 말해준다, 너의 눈은 말하는 내내 반짝였고 너의 좋은 생각을 나에게도 준다.

대화를 하며 느낀 건 친구는 누군가에게서 만족과 행복을 찾진 않았다. 오로지 스스로를 웃게 하는 것들에 대해 말해주고 있었다.
각자가 추구하는 대로 사는 것이 가장 건강한 것일지 모르겠다고. 만족한들, 만족하지 못한들 누군가와 비교하는 시선의 태도를 바꾸지 않으면 불편한 삶뿐이겠지.
내 행복은 나에게 있지, 타인에게 있지 않다.
만족하며 사는 것은 언제나 어렵지만 내게 맞는 삶을 쫓아가려면 조건부 행복은 묻어놓아야지.
나에게 집중해야지.

못 이루면 어때서

짧은 생에서 하고 싶은 것을 찾았다는 생각에
기대라는 것을 품고 지내던 때가 있었다.

힘들지만 또 기뻤고
건물 밖에 해가 뜨고 지는 것도 모를 정도로
즐기면서 보람을 느꼈지.
그때의 나는 좋은 날을 그리고 열정이라는 것을 많이
품고 있었을지도 모른다.

하지만 그 마음이 무색해지게

삶은 마음대로 되지 않는다.
엇나가지 않기 위해
계획을 세우지만
계획대로 되지 않는 것이 삶이었다.

한 사건을 겪은 뒤 수술을 하고
나는 내가 하고 싶던 일
내가 즐겁게 하던 일을
책 모서리 접듯 접어놓았다.

그리고 고개를 푹 숙이고 접어놓은 것들을 조금씩 훔
쳐보곤 했다.
좋아하는 일을 하면 그만이지 라는 생각은
현실에 부딪혀 조각났고
그러면서 점차 불행해졌다.

"그 다친 팔로 뭘 할 거냐"
"패배자"

주위에서 수군거리는 소리들과

나를 향한 곁눈질들, 멀어지는 발걸음소리들.

그 가운데 나는 가만히 있었다.

나는 나에게 미안했고

자꾸 흘깃흘깃 놓고 온 것들을 보았다.

아마 그 마음을 어중간하게 접었기 때문일까.

차라리 아예 박살이 나서

미련 따위 없었다면

도리어 지긋지긋했더라면

접는 건 더 쉬웠을 거다.

미련은 있었지만 되돌아가진 않았다.

내가 나의 상황을 가장 잘 알고 있으니까.

그럴 수도 없었고

항상 그렇듯

좋은 것도 있고

나쁜 것도 있고
잘 선택했다고 생각하다가도
후회라는 것을 끌고 와 의견을 묻기도 하니까.
그래서 그냥 잘 모른다.

하고 싶은 일을 하며 산다고
다 행복한 것도 아니니까.

우리는 가지 못한 길을
종종 돌아보고
이별한 것처럼 그리워하겠지만
그까짓 거, 못 이루면 어떤가.

현재의 나도 괜찮은걸.
아직 남은 페이지는 좋은 스토리가 될 거라고,
그렇게 생각한다.
그렇게 살아간다.

어떤 말도 위로가 되지 않을 때

너는 나를 본다.

내 손을 잡아준다.

아무 말 없이, 그저 가만가만.

내 슬픔의 정도를 묻지도 않고 "괜찮지 않았구나" 라
며 나를 토닥여준다.

포개진 손은 서로 딱 맞는 정도의 크기, 온기가 전해
지기 충분한 사이즈다.

꽃봉오리가 올라오고, 각자의 옷차림이 가벼워질 때
쯤, 어두운 상복을 챙겨 입고 눈물을 닦아내고 있었다.

사랑하는 사람을 떠나보냈던 순간이었다.

밥을 먹어도 먹은 거 같지 않고, 해주지 못한 일들이 떠올라 힘들어했다.

나를 아껴주던 사람, 어릴 적 내 손을 잡고 길을 거닐던 외할아버지는 벚꽃이 흐드러질 때 갑자기 세상을 떠나버렸다.

나에겐 그렇게 한순간에 겨울이 찾아왔다.

잘 지나가겠지, 이 슬픔은 오래가지 않을 거야 생각했지만 좀처럼 가만히 있질 않았다. 가랑비에도 옷은 젖는다고, 시시때때로 나를 괴롭혀서는 자주 울게 했고 한숨을 쉬는 일이 많아지게 했다.

그때 잘할 걸 후회하다가도 지금이라는 시간에 덜컥 겁이 났다.

사는 것이 무서웠고 죽는 것이 무서웠다.

아직도 더 떠나보낼 사람이 있다는 것, 사랑하는 사람을 두고 가야 한다는 것과 보지 못한다는 것, 알 수 없는 곳으로 가야 한다는 것. 조금씩 가라앉았고, 할 수 있는 게 없었다.

흘러가는 시간을 잡을 수도 없었고 먹고사는 게 무엇인지 자주 생각하며 삶은 별거 없다고 했다.

그때, 아무런 말도 마음을 잡아줄 위로가 되지 못했다.

주변 사람들은 썩은 콩을 고르듯 힘겹게 고른 말로 나를 위로했지만 특별한 힘이 없었다.
다시 되새겨 봐도
꼭꼭 씹어보아도 그저 허공으로 흩날릴 뿐.

긴 겨울을 걸어가던 나는, 너를 만나러 간다.
너는 걱정을 잔뜩 머금은 얼굴로 그저 나를 봐주고
손을 잡아줬다.
너의 힘듦은 잠시 미뤄두고
"내가 너의 곁에 있어"하는 눈빛과 손짓으로 나를 위한다.

울지 말아야지, 울지 말아야지. 하던 각오는 어디에
갔을까.
너를 보자마자 흐르는 눈물과 힘들었다고 말한다.

괜찮지 않잖아, 왜 괜찮다고 해?

어떤 말도 위로가 되지 않을 때
너는 내 손을 잡고 체온을 전해주었다.

오래도록.
내가 그 추운 시간에 머물지 않도록.
갇히지 않도록.
나는 젖은 얼굴로 한참을, 너의 말 없는 위로를 받았다.

우리는 가끔 혼자서 긴 겨울을 걸어갈 때 누군가 손
을 내밀어 주고 그 손을 잡아 몸을 녹이곤 한다.
그렇게 힘을 얻는다.

햇살 한 줌

누구든 붙잡고 하소연하고 싶은 날.
나는 잘못한 게 없는데 모질 게 구는 사람들.
그렇게 감정은 다 쏟아내서 기운 없는 날.

어두운 그림자는 집까지 따라와 많은 걸 물들인다.
나를 챙겨주는 사람들에게 걱정을 던져주고 아무것
도 하기 싫은 기분.
몸은 무거워서 누구라도 대신 먹어주고 씻어줬으면
하는 느낌.

'이렇게 힘든데 다들 잘 살아가네' 생각했다.

고양이처럼 웅크렸고
웃으며 걷는 사람들을 부럽게 바라봤다.

나는 지금 잘 가고 있는 걸까.
치열하게는 살지만, 아무것도 없는 내 손을 본다.
나를 위로하던 내 마음은 어디로 갔는지 보이질 않아.
무책임한 위로도 많이 질려가던 참이다.

그날 밤, 친구에게 연락이 왔다.
시간 있으면 잠시 만나자는 말.
우리 집 앞까지 오겠다는 말.

설마, 이 먼 거리를, 이 늦은 시간에 어떻게 와.
나는 기대도 했다가 시간을 보고는 또 마음을 접어놓
고 좋다고 말한다.

시간이 얼마나 지났을까?
도착했다는 연락을 받고 서둘러 집을 나선다.
멀리서 나를 부르는 모습이 보인다.

언제 그랬냐는 듯 웃으며 서로를 반긴다.
서로의 등에 기대어 그간 고단했던 것을 나누고
또 기억하고 싶은 추억을 나눈다.
하는 말마다 맞장구를 쳐주고 간만에 크게 웃고 마음
이 편안해진다.
서로가 이렇게 무거운 존재였구나.

햇살에 눈이 스르르 녹듯 따뜻해지고
이 관계가 오래갔으면 한다는 괜한 생각을 해본다.

이 늦은 시간, 너희는 시간을 내서 나를 보러 와주고
또 무거운 마음을 움직이게 한다.

친구라는 이유

삶을 버텨내야 하는 또 다른 이유인 셈이 있었다.

이런 순간들이 검게 물든 생각을 하나씩 비워줘서 가
벼운 나로 살아갈 수 있게 해준다는 걸
그대들은 알까.
햇살 한 줌 같은 친구들.

무례한 안부인사

요즘 뭐 하고 지내?
그냥 지내지, 뭐, 특별한가.

어쩌다 건너온 안부 인사에
힘을 쭉   뺀 채로 고개를 숙였다.
뭐 하고 지내냐고 말이 이토록 무겁게 느껴진 건 아
마 처음이었다.

비 오기 전 하늘처럼 하루 종일 흐려졌고
수많은 단어들을 생각하고 골라 답장을 간추린다.

괜히 손가락을 만지작거리며 가라앉은 기분은 끌어
올리기 힘들어진다.

다니던 회사를 그만두고 요리를 배워놓고는
다치고 나서 또 다른 일을 한다.

그들은 말한다.
뭐 하고 지내?
안타까워서 그래
걱정돼서
아까워서

다정한 말들은 숨 막히는 말들이 되어버린다.
흘려보낸 시간들을 질책이라도 하는 듯 느껴진다.

현재와 과거의 아픈 사정들을 주저리주저리 나열하
게 만들던 문장.
연민일까, 동정일까, 걱정일까

가볍게 묻는 안부일까.

그런 것치고는 너무나 집요한 문장이지.

현실을 살아라.

무슨 일하는데?

시간 금방 가.

뭐하나 이뤄놓은 건 있어야지.

안다, 나도 안다.

왜 혼내듯이 말하고

강요하듯이 말하는 건가.

나는 나의 길을 갈 뿐이고

너는 너의 길을 갈 뿐이고.

아마 너는 너의 삶을 행복하게 해석할 힘도 없는 것

일지 몰라.

나에게 많은 것을 묻진 않았지만

많은 것을 설명하게끔 만들고
다른 길의 내가 잘못된 것처럼 으레 다그칠지도 모르지.

가장 좋아하던 말이
싫어지는 말이 될 때면

뭐 하고 지내냐고 말에
곤혹스럽고 초라해질 때면

서로 다른 길을 걷고 있을 때.
서로의 모습을 있는 그대로 수용해주지 못했을 때.
존중하지 않았을 때.

그래서 나는 자꾸 다른 무엇이 되려 했던 걸까.
무슨 일한다는 뻔하고 식상한 답변 말고
조금은 다른 얘기를 편하게 할 수 있는 날일 오길.
듣기만 해도 웃음이 나오는 그런 이야기들을 할 수
있는 날이 오길.

사는 게 별건가

그냥 지낸다.

잘 지내고 있었던 걸지도 모른다.

그 안부에 걱정을 듣기 전까지.

그런 마음은 받지 않으련다.

싫어하는 게 생긴다는 것

"어, 콩밥이야?"

"어~ 콩밥인데 왜? 맛 좋은데"

"나쁜 건 아닌데 별로라서"

시간이 지나도 괜찮아지지 않는 것이 있었다.
콩밥 하나에 옛 시절을 떠올릴 때면 나는 아직 괜찮
지 않구나 싫음을 느끼곤 한다.
과감했던 숟가락질이 머뭇머뭇 거리고 밥을 조금씩

뒤적인다.

어릴 적 엄마와 동생 그리고 나는 오갈 곳이 없어서
외할머니댁에서 지내던 시절이 있었다.
그곳에서는 썩은 콩을 골라내듯 조심스러운 생활이
시작되었다.

그 시절의 우리는, 현관문을 열고 들어가면 바로 좌측
에 있는 방을 사용했다.
벽지에는 누렇게 뜬 얼룩이 있었고 틈만 나면 화장실
에서는 쥐가 나와 밤마다 거실을 뛰어다녔다.
밖에 좀 나가라는 할머니의 다그침, 동네 친구는 없었
고 편하게 있을 곳은 없었다.
밖을 나가도 무엇보다 나에겐 용기라는 게 없었다. 먼
저 다가갈 마음의 여유, 틈을 비집을 힘이.

집을 나서면 내가 갖고 싶은 것들 천지라 다 돈이라
는 것도 알고 있었을지 모른다.

그때는 푸른 사랑보다 무력함, 쓸쓸함, 애처로움 이런
것들과 가까웠다.

그리고 그런 시절에 가장 많이 먹었던 게 콩밥이었다.
밥시간이 되면 부엌에서 음식 냄새가 방문 사이를 비
집고
나는 냄새를 따라 밥상을 가지런히 차렸다.

부슬부슬해서 맛도 없고
그 무엇과 먹어도 어울리지 못한다.

어린 우리들을 먹여 살리기 바쁘던 날들.
얌전히 사고 없이 지내던 게 최고라던 날들.
퍽퍽한 만큼이나 그 건조한 시절들을 떠올리게 해서
그 음식은 상처였고 상처는 문신처럼 잘 지워지지 않
는다.

과거를 떠올리고

과거의 나를 보고
자꾸 맴돌아서 지워지지 않는 기억들이 있다.

싫어하는 게 있다는 건
알게 모르게 상처받은 게 있는 거다.

싫어하는 게 늘어가는 건
상처받은 일들이 많다는 거다.

상처받으면 받을수록
우리의 마음속 여유는 비좁아지고
그러다가 이내 보기 싫고, 먹기 싫고, 할 수 없는 일들
이 늘어간다.

움츠리며 싫다고 하는 당신도
당신 나름의 상처가 있는 사람이겠지.
마음을 내보이기 싫은 사람이겠지.
한 번씩 애쓰는 그런 사람이겠지.

외로움이 닿을 무렵

옷을 입었다가 벗었다가
날씨는 더웠다가 추웠다가
이처럼 걷잡을 수 없던 기분이 있었다.

마음은 텅 비어버려서 어떻게든 되겠지 싶은 마음과
삶의 피로가 호르몬을 앞질러 푸석해질 수 있다는 걸
알았다.

여전한 내 책상 앞에서 달력을 뒤적거리고 아슬아슬
한 하루들을 보낸다.

조용한 핸드폰은 미술관의 "눈으로만 보시오" 같은
전시품이 되어버린다.
밥을 먹어도 배가 고프고
잠을 자도 몸은 가볍지 않고 좀처럼 나아지지 않았다.
그럴 때 오래 본 사람들이 나에게 다가와 주었다.

어떻게 지내냐는 그들의 물음에
나는 별 탈 없이 잘 지낸다고 말하지만
목소리는 그렇지 못했다.
그들은 나의 떨림을 알아주고
같이 밥을 먹거나 지나온 일상을 얘기하거나
내일을 얘기한다.

나는 긴 겨울잠에서 나오려는 것처럼 조금씩 달라졌다.
같이 있을 때는 따뜻해지고
공기는 편안했다.
하지만 고마울수록 부담이 늘어갔다.
웃음은 잠깐 머물다 가는 것이기에

그래서 더 두려웠을지도 모른다.

하루를 그들과 보내고 난 뒤
혼자 집으로 돌아가는 길,
나는 헤어짐과 사라지는 것들에 대해
익숙한 사람의 태연함으로 말한다.
'괜찮다'
혼자든 둘이든 외로움은 익숙하다고.

하지만 온전히 혼자 감당하던 외로움은
누군가 다녀가고 나면 감당하기 어려울 만큼 커져 버린다.

그들이 다시 돌아가야 할 때,
나는 아쉬워하고
더 이상 연락이 오지 않으면 섭섭해한다.

다시 마음은 텅 비어버려서 뜬구름을 위를 걷고
양손 가득 있던 즐거움은 휘발성이 강했던가.

공기는 낯설어지고 들리지 않던 도로 위 날카로운 소음이 커지고 다시 긴 겨울잠을 준비한다.

혼자여도 괜찮은 줄 알았지만
무언가를 기다리는 모습에선
외로움이 보였고
뭐든 그리워하고 있었다.

외로움은 나를 먹어 치워서 어딘가 괜찮지 않은 사람으로 만든다. 오롯이 혼자 남아서는 집착하고, 원망하고 또 기대게 만들 테니.

나는 나에게, 누군가에게 미안해지고 싶지 않다.
외로움이 나를 부를 때마다 뒤돌아보지 않을 것이다.
혼자여도 괜찮아지게끔 혼자 또 다른 시간을 즐길 것이다.

외로움은 우리 자신이 세상에 나아갈 시간이라는 걸 말해준다.

320 . 나는 나를 안아줘야지

어둠에 잠기지 말 것

길고 긴 하루, 내일이 기대되지 않는 그런 하루들.
너무 적게 웃고 인상 쓰고 못된 표정으로 차갑고 각
진 단어를 뱉던 시절.

어느 날 갑자기 너는 나에게 문자를 보냈다.
"책 쓴다고 고생했어, 재밌더라고"
그러다 너는 자신의 이야기는 왜 없냐며 서운하다고
응어리를 풀어놓고, 간만에 너의 소식을 받은 나는 핸
드폰을 사이에 두고 그간 하지 못한 얘기를 하며 한
참을 웃었다.

얼마나 웃었을까 너는 나에게 말했다.

힘들었다고, 답답하고 상처받는 일들이 많았다고.

짧게나마 써놓은 속마음들을 나에게 보여주며 얘기
할 때 나는 할 말이 없었다.

그 글에는 너의 안 보이던 모습과 예전에 내 모습이
겹쳐있었다.

사는 게 아니라 아등바등 애써 지내는 것처럼 보였다.

문득 궁금했다.

쉽게 상처받는 삶이고

어둠은 늘 곁에 있어서 잡아먹히기 쉬운데.

빛은 꺼뜨리지 않기 위해 애써야 하고

노력은 배신하지 않는다는 말은 옛말이 되어버리고

삶에 돌부리는 이렇게나 많은데.

우리의 삶에는 운이 너무나 필요한데.

있는 자에겐 게임 같은 세상

없는 자에겐 노동의 굴레

불합리한 일과 시기, 질투
나에게 발을 거는 무례한 사람들.

자주 쓸모없는 기분이 들게 하고
결국 주저앉는 건 또 자신인데.

무엇이 있어서 어둠에 잠기지 않을까.

어둠은 어디에나 있고
밤이 되면 그림자마저 삼켜버릴 정도로 짙어진다.
그리곤 내 발길이 향하는 모든 곳까지 따라와서는 함
께 자고, 함께 먹고, 소중한 사람들에게 예민한 반응
을 하게 만들고 날선 말을 찔러 넣는다.

'무슨 일 있어?'라는 다정한 말에
'그냥 힘들어서 그러지'라는 짧고 차가운 말투를 내

뱉게 하고 고개를 몇 번 휘적거리다 이내 모습을 감추겠지.

이제 할 얘기는 다 한 걸까.
잔잔한 바람 소리와 숨소리만이 귀에 맴돌았다.

간만에 연락해서 너무 어두운 얘기를 해 미안하다고 말한다. 하지만 좋은 글도 자주 보면 지루해지니까 이런 글도 없어야 할 이유는 없다.
어둠에 잠기지 않기 위한 너의 방법이니까.

나는 괜찮다.
네가 이렇게 어둠을 털어낼 수만 있다면.
누군가의 어둠을 털어낼 수만 있다면 어려운 일쯤은 아니지.

그렇게 알게 모르게 애쓰며 지나간다.
나에겐 무엇이 있어 어둠에 잠기지 않았을까.

나쁜 마음을 먹는 건, 식은 죽 먹기지만 그럼에도 물들지 않는 건 우리에게 잠깐이나마 반짝이는 양심이 있기 때문일 거다.

그러니 어둠이 나와 함께 있는 걸 좋아하게 만들면 안 돼.

더 이상 남은 하루를 빼앗지 못하게 좋아하는 것들을 자주 떠올릴 것이다.
아침 커튼 사이 눈부시게 들어오는 햇살, 오래된 책 냄새,
좋아하는 사람들, 좋아하는 것들과 자주 같이 있을 것이다.
어둠은 언제나, 늘 곁에 있다.
그렇기에 다가오지 못하게 발버둥 칠 것이다.

326 . 나는 나를 안아줘야지

맡겨놓은 것처럼

삶이 고단하게 흘러갈 때마다
나는 내가 지나온 생을, 앞으로 가야 할 생을 노려보
았다.

나는 이런 걸 원한 적이 없는데 생은 왜 나에게 이런
것들을 주는 걸까.
뜻대로 되지 않는 날에
머릿속은 언제나 걱정이고
삶은 언제쯤 괜찮아질까?
더 나은 삶이 있을까? 의문을 품고는 했다.

괜찮겠지, 나아지겠지, 마음에게 아무리 외쳐봤지만,
그 끝에는 언제나 '그럼 그렇지' 고갤 숙이던 나였다.
어딘가 아픈 것처럼 얼굴은 어두웠고 자주 떨었다.
말 몇 마디로 마음은 속일 수 있었겠지만, 몸은 속일
수 없었다. 따가운 입병이 생기고 언제 생겼는지 모를
멍들과 예민해진 감각.
온몸으로 기분을 나타내고 있었다.

내가 할 수 있는 거라곤 당장 오늘을 잘 보내는 거였
지만 그마저도 의심과 의문에 휘둘리고 있었다.
밤이 무섭고, 아침이 무겁고, 일이 어렵고
반복되는 하루들 틈에서 가만히 서 있었던 걸지 모른다.
그때 나는 기어이 알 수 없는 것들에 대해서 알고 싶
어 했다.
나의 내일, 나의 한 달, 나에게 남은 날들,

사주 같은 건 절대 보지 않겠다고, 내 선택에 따라 내
삶이 달라지는 거라고 생각하던 때가 있었다. 하지만

절대 하지 않겠다는 건 하고 싶은 마음이 있는 것과
도 같았다.
어느새 나는 그곳으로 걸음을 옮긴다.
그곳은 낡고 허름해 보였다. 마음은 아닌 것 같다고
하는데 걸음은 자꾸 앞서간다.

그는 환하게 웃으며 나를 반긴다.
내 이름과 태어난 년도 생일을 가져가서는 말한다.
초년 운이 참 안 좋네,
이번 년에 운이 들어섰어요.
하고 있는 일 놓지 말고 꾸준히 해요.
이제부터 빛을 볼 거예요.

그는 나긋나긋한 목소리로 나를 토닥인다.
나는 금세 기분이 좋아진다. 아니 조금 안심을 한다.
긴장했던 몸은 풀어지고 그들이 나에 대해 하나씩 맞
출 때마다 놀라지 않은 척을 한다.

한편으로는 대체 뭐가? 어떻게? 라는 생각이 떠나질
않았다.
웃으며 훈훈한 분위기가 오고 가도
자리를 뜨면 이내 똑같은 나였으니까.

사실 바뀌는 건 없지.
그렇게 후련해지고 편안하지도 않았다.
당연하다.
고민이 있어도 행동이 있어야 상황이 바뀌고
뭐라도 선택해야 상황이 펼쳐지니까.

언제부터인가, 그들에게 무엇이라도 맡겨놓은 것처럼
자꾸 궁금해하고 파헤치고 기대하던 내가 있었다.

마음의 안정이 필요해서인지, 다 잘 될 거라는 말이
듣고 싶은 건지.
너무 불안해서 그런 건지, 잘 될 거면 얼마나 잘 될 건
지 몰라서겠지.

이상하게 살아갈수록 인생은 어려워지는 기분,
자신감보다는 조심스러움이 많아지고
단순함을 더 많이 찾게 되지.

쉬운 건 어려워지고,
뭐 하나 선택하는 것도 어찌나 어렵던가.
당장 오늘 일도 모르는 게 삶인데.
삶을 맡겨놓은 것처럼 기대하고 신뢰하는 것보단 마
음가짐이 중요할지 몰라.
내가 나아지고, 주변으로 나아지기 위한 마음.
마음을 바꿔 살아가는 것이 더 나은 삶을 사는 지름
길일 거야.

나는 나를 안아줘야지

속상한 일이 있어서
하루 종일 먹구름을 끼고 다녔던 나는
방안까지 무거운 공기와 그림자를 끌고 들어간다.

말끔히 차려진 밥상과
다녀왔냐는 엄마의 말은 비에 젖은 몸처럼 축 무겁게
만 느껴졌다.

아무렇지 않은 척
괜찮은 척

대꾸할 힘조차 남지 않아서

옷을 가지런히 놓고는 밥상에 앉았다.

엄마

오늘 이런 일이 있었어.

고작 이런 첫마디로 말문을 연다.

오늘 하루가 얼마나 초라했는지,

왜 나는 안 될까 라고 말하며

착실하기만 해서 뭐하냐고

나를 할퀴고

나를 낳아준, 내 앞에 앉은 당신의 마음을 할퀸다.

누군가는 잘 해내는 일을

나는 그러지 못한다고

늘 부족한 것만 같다고

어깨는 자꾸 수그러들어 작아지고

말은 비수가 되어 가슴에 꽂혀 울분을 토해낸다.

즐거웠던 식사 시간은 너무 조용했고
그 말은 들은 엄마는 흔한 위로의 말을 건네거나
마음을 비우라는 말을 해줬다.
세상이 다 그렇다고.

그럼 그렇지.
다 그렇게 사는 거겠지.
세상이 다 그런 거지 뭐.

우울을 한 움큼 집어 들고
마음은 비루해지고 지쳐가고 있었다.

한 짝만 남은 신발처럼
망가진 이어폰처럼
찢어져 알 수 없는 책처럼
아무것도 아닌 것 같았다.

나는 나를 안아주지 못했다.

못났다는 생각은 좀처럼 자리를 비켜주지 않아서
어두운 공간에 자주 들어갔다.
세상과 점점 멀어지는 길을 걸어가고 있었다.

어두워서 불안하기보다는
어두워서 편하다는 생각이 더 많았다.
고양이처럼 웅크리곤
세상에서 내가 제일 못난 것처럼 생각할 때,
오래 가만히 있었을 때,
누군가가 나를 두드렸다.

어찌 좋은 날만 있을까
힘들고 슬픈 날도 있다.
너는 너를 안아줘야지.
너무 아파하지 말라는 엄마의 또 다른 말.

그 말을 해주려 당신은 얼마나 많은 생각을 했을까.
그날, 엄마의 말을 읽은 나는

어두운 곳에서 활짝 문을 열었다.
조금씩 환한 빛을 들이고 나를 물들이려 했다.

그래, 내가 나를 안아주고
마음을 내주었을 때
한 번 정도 다독여준다면
충분히 견딜만한 생이 되겠지.
나랑 평생 함께하는 것도 나니까.

자주 갔던 어두운 곳을 더 이상은 가고 싶지 않았다.
퉁퉁 부은 두 눈으로 나를 본다.
괜찮아지겠지.
나는 나를 안아준다.
그러니 당신도 당신 스스로를 한 번 정도는 격려해주
었으면.

나에게 필요한 것

엄마의 손에는 못 보던 화분이 자주 들려 있곤 했다.
단순히 키우는 것을 좋아하는 건지
다른 매력이 있는 건지, 아마 집안을 좀 더 푸릇하게
바꿔준다는 말을 들었던 거 같은데.

그래서 집안에는 종아리 정도 크기의 화분부터
내 키보다 조금 작은 화분, 기운 없어 당장이라도 죽
을지 모르는 다양한 화분이 있었다.

베란다 창가를 줄지어 차지하고는 나란히, 각자의 위
치에서 각자의 매력을 뽐내고 있었다.

그때 화분을 보고는 부럽다는 표정을 지었는데 그건 아마 나는 그러지 못했기에, 내 자리는 없었기에 그랬는지 모른다.

어느 날, 시들시들한 화분이 눈에 보여서 엄마에게 물었다.
"그런 걸 뭐 하러 가져왔어? 다시 든 거 아니야?"

"아니야 아직, 여기 보면 싹이 나오고 있잖니, 물 잘 주고 햇빛 잘 주면 문제없어"

나는 가볍게 고개를 끄덕이곤 무신경했다.
그날 이후로도 엄마는 물을 주고 햇빛을 주고, 날이 추우면 자리를 옮겨주며 온몸으로 정성을 보였다.

그리고 우연히 베란다에서 빨래를 정리하던 중 보게 되었을 때, 그 화분은 언제 그랬냐는 듯 새싹이 올라와서는 생기를 뿜어내며 가장 푸릇했다.

그때 그 화분이 맞나.

왜 나는 한참을 바라보다 마음에 울적한 바람이 불었
을까.

나에겐 무엇을 주어야 다시 생생해질까.

세상에는 다양한 것들이 있는데.

무엇을 주어야 다시 싹을 틔우고 내 자리가 생기고
나를 빛낼 수 있을까.

나는 쉽게 상처받고 쉽게 우울의 문을 열고
자주 기대하고 아무렇지 않게 비교당하며 나를 갉아
먹는데.

마음 한편에선
조금, 아주 조금 질투가 자리 잡았다.

애쓰지 않고 따스한 손길을 받는 화분에게.

내 감정은 내 것

아침부터 심술이 났다.
나에게 발을 거는 무례한 사람들과 굳이 맞서지 않는
사람들을 보고는 일을 하는 내내 불편한 몸과 마음을
달고 있었다.

저 사람은 왜 저래,
저건 부당한 거 같아,
왜 한마디도 안 할까.
뭐 하러 그렇게까지 해주는데?
좋은 게 좋은 거라는 그 말이 듣기 싫었다.

기분은 금방 나를 집어삼켜서는 심술을 이곳저곳 뿌리게 했고 마음에 드는 게 하나도 없다고 애꿎은 사람을 붙잡고 하소연했던가.

나는 나만의 방식이 있었다.
하지만 사람들은 적당히 해야 한다며, 둥글둥글해져야 한다며 말하고 있었다.

"저 사람 때문에 기분이 안 좋아서요."
"가만히 있을 수 없잖아요."
내가 자주 하던 말이었지만 돌아오는 답은 변함없었다.

'부드럽지 않으면 사회생활은 잘할 수 없어.'
나는 뭐라도 말하고 싶었지만, 도무지 입이 벌어지지 않았다.
꼭 그래야만 하는 걸까?

말하지 않으면 바뀌지 않잖아.

본인들이 다 대단한 줄 알잖아.
본인 기분만 기분이잖아.

아닌 걸 아니라고 말하는 게 어때서,
듣기 좋은 소리만 하는 게 맞는 걸까.

내 기분이 타인으로 인해 결정되는 게 나는 싫었고
불편한 사람들에게 삭막했다.

어느 날 잔뜩 풀이 죽은 나에게 업체 사장님이 말했다.
"일 하다 보면 별일이 다 있죠?"
"기분이 나쁜 날도 있을 거예요. 근데 그건 딱 거기까
지죠."

내 기분 나쁜 거, 남들은 신경도 쓰지 않고 관심도 없
어요.
하루 종일 내 기분만 나쁜 채로 있는 거보단 순간의
감정은 순간에 머무르게 조절할 줄도 알아야 해요.

틀린 말은 아니었다.

아무리 티를 내야 눈길 한 번 주지 않고 내 화살은 애꿎은 사람을 향하고 있었으니까.

투정과 불행으로부터 무엇을 얻을 수 있을까.

전해지지 않는 감정과 문장에 집착하지 않을 거다.

그날, 일을 마치고 퇴근하던 길.

아까의 기분은 더 이상 존재하지 않았다.

"오늘은 기분이 좋았던 거야, 무거운 공기를 가져가고 싶지 않아"

내 감정은 내가 정한다.

하루의 시작이던, 하루의 끝이던.

어떤 감정으로 마침표를 찍을 것인가.

내 마음 편해지자고 하는 것이다.

행복할 필요 없지

이맘때쯤이면 겨울, 그러니까 한해가 끝나가는 중이었다.

가족들과 식탁에 앉아 한 자리씩 차지하고 손에는 잔이 들려있었다. 다음 해에는 무슨 일이 있을까, 지금보다 더 나을 거라는 그런 이야기들을 늘어놓는다.

그러다 잔을 부딪치고 한참 밥을 먹던 중 누군가 말했다.

행복하다, 그렇지?

그런 말은 너무 오랜만에 들어본 말이었다.

어릴 적에도 자주 접하지 못했던 말.

어쩌면 듣기도, 내뱉기도 너무 어려웠던 말.

나는 그 말을 듣고는 음식이 식어가는 것도 모른 체 연신 뒤적거렸다.

나는 행복한가?, 행복했던 건가?

이렇게 스스로에게 묻고 행복에 대해서 생각했던 적이 거의 없었다.

나에게 행복이란 단어는

"개봉하지 마시오" 경고장이 붙어있는 진열장에 전시된 번지르르한 물건 같은 것이었다.

다가가기엔 버겁고, 두고 보자니 아까운, 어지럽고 어색한 단어였다.

잠깐 행복에 대해서 생각해본 적은 첫 책을 쓰면서였는데,

행복은 가까이에 있으니 느끼며 살아가야 한다. 대충
이런 내용이었다.
하지만 지금의 나는 갸우뚱하고 있던가.
책을 살며시 덮어버렸던가.
나는 저렇게 소리 내어 '행복하다'라고 말해본 게 언
제였던가.

어느 날부터 TV를 틀어도
SNS를 보아도 행복한 모습만 나온다.
그리고 그들은 행복해 보인다.
화면을 닫으면 누군가의 행복을 보고 부러워하는 모
습이 비친다.

행복해서 나쁠 것도 없지만
언제부터인가 행복이 필수가 되고 눈치가 되고 있던
것은 아닐까.

돌아보면 그저 그런 날이 더 많았는데

좋은 날도 있었고 나쁜 날도 있었고
무엇보다 행복마저 비교해가며 얻고 싶진 않았다.
나 역시 행복은 가까이에 있으니 느끼면 살아가야 한
다고 책에 써냈지만, 정답은 아니었다.

행복을 위해 너무 애쓸 필요도 없다.
기를 쓰고 행복할 필요도 없다.
행복해야만 하는 분위기도 불편하다.
행복하지 않으면 인생을 낭비한다는 것처럼.

내가 언제부터 행복을 좇으면 살았던가.
그냥 살았던 것 같다,
그날그날에 따라 덤덤하게.

날아갈 듯한 날이 있으면 무너지는 날도 있고
덤덤한 날이 있으면 예민한 날도 있고
행복한 날이 있으면 행복하지 않은 날도 있다.

그냥 주어지는 대로
만들어지는 대로 살아가면 어때서.
행복하지 않으면 어때서.

세상을 행복으로만 살 수는 없지.
다 다른 날에
다 다른 감정이 있으니까.

꼭 행복할 필요는 없지.

나는 나를 안아줘야지

2022년 12월 12일 발행

지은이   김영재
디자인   포레스트 웨일
펴낸이   포레스트 웨일
펴낸곳   포레스트 웨일
출판등록   제2021-000014 호
주소   충남 아산시 아산로 103-17
전자우편   forestwhalepublish@naver.com

종이책 979-11-92473-31-4 (03810)
ⓒ 포레스트 웨일 | 2022